Birger Hartnuß

Bürgerschaftliches Engagement und Soziale Arbeit

Ein Studienbuch für die Praxis

University of Applied Sciences
APOLLON
University Press

2. Auflage 2019

Projektmanagement und Lektorat: Julia Gwiasda und Bettina Gnaß
Layout und Satz: Ilka Lange, Hückelhoven
Umschlaggestaltung: Marie-Ann Rudolph, SEUME Publishing Services GmbH, Erfurt
Korrektorat: Ruven Karr
Printed in Germany

Bibliografische Information der Deutschen Nationalbibliothek
Die Deutsche Nationalbibliothek verzeichnet diese Publikation in der Deutschen Nationalbibliografie. Detaillierte bibliografische Daten sind abrufbar unter:
htpp://dnb.d-nb.de

Werden Personenbezeichnungen aus Gründen der besseren Lesbarkeit nur in der männlichen oder weiblichen Form verwendet, so schließt dies das jeweils andere Geschlecht mit ein.

ISBN: 978-3-943001-46-4

http://www.apollon-hochschulverlag.de

Birger Hartnuß

Bürgerschaftliches Engagement und Soziale Arbeit

Ein Studienbuch für die Praxis

STUDIENBUCH

University of Applied Sciences
APOLLON
University Press

Inhalt

Dieses Studienbuch widme ich dem 2016 verstorbenen
Prof. Dr. Thomas Olk. Er war mein Lehrer, Mentor,
kritischer Wegbegleiter und Freund.

Birger Hartnuß

Einleitung

Seit der Jahrtausendwende erfreut sich die Debatte über das bürgerschaftliche Engagement in Deutschland ungebrochener öffentlicher Aufmerksamkeit. Seit dem Internationalen Jahr der Freiwilligen (2001) sowie den Empfehlungen der Enquete-Kommission des Bundestags 2002 hat sich das scheinbar „weiche" Thema Bürgergesellschaft auf der politischen Bühne etablieren können. Neue Strukturen im Bund, in den Ländern und auch in zahlreichen Kommunen, neue Netzwerke und Akteure in der Zivilgesellschaft, vielfältige Programme und Projekte zur Stärkung von Ehrenamt und Bürgerengagement in den unterschiedlichsten Gesellschaftsbereichen lassen ein neues und eigenständiges Politikfeld „Engagementpolitik" erkennen. Dabei sind die politischen Bemühungen nicht nur von der Erkenntnis getragen, dass bürgerschaftliches Engagement ein wesentliches Element für den gesellschaftlichen Zusammenhalt ist und sozusagen als „sozialer Kitt" unentbehrliche Bindekräfte entfaltet. Es wächst auch die Einsicht, dass keine der großen gesellschaftlichen Herausforderungen, wie die Gestaltung des demografischen Wandels, der Umbau sozialstaatlicher Institutionen, die Reform des Bildungswesens oder die Integration von Flüchtlingen, ohne das aktive Mittun und Mitgestalten der Bürgerinnen und Bürger bewältigt werden kann.

Dies stellt auch die Soziale Arbeit vor die Aufgabe, bürgerschaftliches Engagement in die Erbringung sozialer Dienste und die Konzeption sozialer Angebote (neu) zu integrieren. Soziale Arbeit entspringt in ihrem Kern selbst bürgerschaftlicher Initiative und Selbstorganisation. Im Laufe ihrer Geschichte und Entwicklung ist ihr dieser „Markenkern" jedoch zunehmend abhandengekommen. Ausdifferenzierung und Spezialisierung ihrer Angebote, fortschreitende Professionalisierung sowie nicht zuletzt eine immer stärker geforderte Dienstleistungsorientierung haben dazu geführt, dass im System der Sozialen Arbeit Bürger vor allem als Adressaten oder als Kunden, nicht aber als Erbringer und Koproduzenten sozialer Angebote wahrgenommen wurden.

Dieses Verständnis ist allerdings im Wandel begriffen und viele soziale Organisationen und Einrichtungen bemühen sich um eine Reintegration freiwilligen und ehrenamtlichen Engagements in ihre Organisationsstrukturen und ihren Alltag. Hierfür benötigen Sozialarbeiter und Sozialpädagogen das nötige Rüstzeug.

Bürgerschaftliches Engagement ist der bestimmende Handlungsmodus der Zivilgesellschaft. Es schließt ganz unterschiedliche Formen von freiwilligen, nicht auf materiellen Gewinn ausgerichteten, gemeinwohlorientierten Tätigkeiten ein. Dazu zählen traditionelle und neue Formen ehrenamtlicher Tätigkeiten in Vereinen, Verbänden und Kirchen, unterschiedliche Varianten der Eigenarbeit und der Selbsthilfe, die Wahrnehmung öffentlicher Funktionen sowie Formen der politischen Beteiligung und Mitbestimmung. Bürgerschaftliches Engagement meint also mehr als das traditionelle Ehrenamt, und es ist auch mehr als nur ein Sammelbegriff für verschiedene, bislang eher separat betrachtete gesellschaftliche Aktivitätsfelder.

Bürgerschaftliches Engagement zeichnet sich dadurch aus, dass es zwischen den gesellschaftlichen Sphären Staat, Markt und Privatleben stattfindet, Öffentlichkeit einschließt und in seinen Wirkungen nicht nur auf die unmittelbar Beteiligten zielt, sondern das Gemeinwesen als Ganzes stärkt. Bürgerschaftliches Engagement schafft Vertrauen; durch Engagement wird soziales Kapital gebildet. Und es leistet einen entscheidenden Beitrag zur Schaffung und zum Erhalt öffentlicher Güter.

Mit dem bewussten Bezug auf den Bürgerstatus schlägt der Begriff „Bürgerschaftliches Engagement" die Brücke zwischen „Zivilgesellschaft" als Beschreibung einer real bestehenden gesellschaftlichen Sphäre und der Vision von „Bürgergesellschaft" als Leitvorstellung unseres politischen Gemeinwesens.

Selbstorganisation und Eigenmotivation zivilgesellschaftlicher Akteure können nicht einfach „top down" angeordnet und durch (Zwangs-)Instrumente durchgesetzt werden. Bürgerschaftliches Engagement bedarf vielmehr der Ermutigung, Wertschätzung, Unterstützung und organisatorischen Einbindung. Hierfür brauchen die in der Sozialen Arbeit Berufstätigen das notwendige Hintergrundwissen, um fachliche Konzepte und Strategien der Engagementförderung mit geeigneten Handlungsmethoden entwerfen zu können.

Das vorliegende Lehr- und Studienbuch bietet Ihnen eine Einführung in die Zivilgesellschaft, das bürgerschaftliche Engagement und seine Bedeutung für die Sozial- und Gesundheitswirtschaft. In fünf Kapiteln werden dazu theoretische und empirische, organisatorische, methodische und politische Aspekte erschlossen.

- Im ersten Kapitel erfolgen eine theoretische und historische Einordnung des Konzepts Zivilgesellschaft, eine Klärung zentraler Begriffe sowie eine Vorstellung aktueller empirischer Daten. Es geht dabei um die Vermittlung grundlegender Vorstellungen von bürgerschaftlichem Engagement und seiner gesellschaftlichen und gesellschaftspolitischen Relevanz.
- Kapitel zwei macht Sie mit den wichtigsten Formen und Handlungsfeldern bürgerschaftlichen Engagements vertraut. Sie lernen sie in ihren Unterschiedlichkeiten und Gemeinsamkeiten kennen und in ihrer Bedeutung für die Arbeitsfelder der Sozialen Arbeit einzuordnen.
- Im dritten Kapitel widmen wir uns den organisatorischen und strukturellen Grundlagen bürgerschaftlichen Engagements. Sie gewinnen einen Überblick über die wichtigsten Organisationsformen, die dazugehörigen Rechtsbereiche sowie moderne Infrastrukturen der Engagementförderung.
- Das vierte Kapitel stellt die Methoden und Strategien moderner Engagementförderung in den Mittelpunkt. Praxisbezug und Handlungsorientierung verweisen auf neue berufliche Tätigkeitsfelder für in der Sozialen Arbeit tätige Profis wie Sozialarbeiter, Sozialpädagogen und Sozialmanager.
- Anliegen, Strukturen und Akteure der Engagementpolitik in Bund, Ländern und Kommunen vermitteln Ihnen im fünften Kapitel wichtige Bezüge für die Förderung bürgerschaftlichen Engagements in der Sozial- und Gesundheitswirtschaft.
- In der Schlussbetrachtung werden neben einer Zusammenfassung der gesamten Ausführungen auch aktuelle Herausforderungen und Klärungsbedarfe in Engagementförderung und Engagementpolitik diskutiert.

Lernziele

Nach der Bearbeitung des Studienbuchs

- kennen und verstehen Sie die Zivilgesellschaft als einen eigenen gesellschaftlichen Bereich mit seinen Organisationsformen, Strukturen und seiner eigenständigen Handlungslogik.

- haben Sie sich theoretische Grundlagen des Diskurses über die Zivilgesellschaft angeeignet, kennen aktuelle empirische Ergebnisse der Zivilgesellschafts- und Engagementforschung und wissen sie für sozialpädagogisches Handeln zu nutzen.
- verfügen Sie über einen soliden Überblick über die unterschiedlichen Formen bürgerschaftlichen Engagements (Ehrenamt, Freiwilligenarbeit, Selbsthilfe, Freiwilligendienste, Bürgerbeteiligung) und kennen ihre Relevanz für die verschiedenen Handlungsfelder der Sozialen Arbeit.
- haben Sie sich Strategien und Methoden der Engagementförderung angeeignet und wissen, wie sie in Organisationen und Einrichtungen der Sozialen Arbeit angewendet werden.
- wissen Sie, welche Rechtsbereiche die Förderung bürgerschaftlichen Engagements berührt.
- kennen Sie die relevanten Strukturen und Akteure der Engagementpolitik in Bund, Ländern und Kommunen und sind in der Lage, ihre Angebote in die Entwicklung von Strategien der Engagementförderung in sozialen Organisationen und Diensten zu integrieren.

1 Theoretische und empirische Grundlagen der Zivilgesellschaft

Nach dem Studium dieses Kapitels kennen und verstehen Sie die Zivilgesellschaft als einen eigenen gesellschaftlichen Bereich mit eigenständiger Handlungslogik. Sie haben sich theoretische Grundlagen des Diskurses über die Zivilgesellschaft angeeignet, kennen die Traditionslinien bürgerschaftlichen Engagements, aktuelle empirische Ergebnisse der Zivilgesellschafts- und Engagementforschung und wissen sie für sozialpädagogisches Handeln zu nutzen.

Will man einen komplexen gesellschaftlichen Gegenstandsbereich in aktuelle Diskussionen einordnen und für eigene Handlungsstrategien erschließen, ist es stets sinnvoll, zunächst einen Blick zurückzuwerfen, um historische Entwicklungen und Traditionen zu verstehen.

1.1 Historische Zugänge und Traditionslinien

Bürgerschaftliches Engagement hat sehr unterschiedliche Ausprägungen und Erscheinungsformen freiwilligen, unentgeltlichen Tuns für das Gemeinwesen. Dementsprechend finden sich auch verschiedene Ursprünge und Entwicklungslinien, die im Folgenden nachgezeichnet werden.

1.1.1 Kommunale Selbstverwaltung

Die Entstehung ehrenamtlichen Engagements hat einen starken Lokalbezug und hängt in besonderer Weise mit der Herausbildung eines selbstbewussten Bürgertums zusammen. Das klassische bürgerliche Ehrenamt entstand Anfang des 19. Jahrhunderts und wurde erstmals in der Preußischen Städteordnung (1808) geregelt. Dem erstarkenden Bürgertum wurde gegenüber dem absolutistischen Staat das Angebot der Verwaltung lokaler Angelegenheiten durch die Bürger selbst eingeräumt. Diese Selbstverwaltungsrechte waren im Gegenzug verbunden mit Selbstverwaltungspflichten: Die Bürger waren verpflichtet, öffentliche Ämter ohne Entgelt zu übernehmen. Diese Ehren-„Ämter" hatten vor allem administrative Aufgaben für die örtlichen Angelegenheiten zu erfüllen (vgl. Sachße, 2011, S. 18). Bis heute lässt sich diese Tradition im System der kommunalen Selbstverwaltung nachzeichnen. Allerdings hat das Ehrenamt in dieser Form inzwischen seine Bedeutung als tragende Säule der Kommunalverwaltung eingebüßt.

Das soziale Ehrenamt etablierte sich erst Mitte des 19. Jahrhunderts. Als Teil der kommunalen Selbstverwaltung wurde die öffentliche Armenpflege zur ehrenamtlichen Aufgabe männlicher Bürger. Mit dem sogenannten „Elberfelder System" wurde dabei das Quartiersprinzip eingeführt, also die enge Bindung des sozialen Ehrenamts an das lokale Umfeld und die Nachbarschaft (vgl. Sachße, 2011, S. 18). Im Zuge der kommunalen bürgerlichen Sozialreform Ende des 19. Jahrhunderts entwickelte sich die Armenpflege zu einem eigenständigen Bereich kommunaler Sozialpolitik. Dabei kam es zu einer starken Ausdifferenzierung, Professionalisierung und Bürokratisierung. Die ehemals rein ehrenamtliche Armenpflege wurde im 20. Jahrhundert zunehmend ergänzt und letztlich verdrängt durch berufliche und fachlich qualifizierte Soziale Arbeit. Das bis heute sehr lebendige freiwillige soziale Engagement entstammt nicht der Tradition der kommunalen Selbstverwaltung, sondern ist vielmehr mit der Entwicklung des lokalen Vereinswesens verbunden.

1.1.2 Vereinskultur

Vereine entstanden in großer Zahl im Zuge der Industrialisierung und der damit einhergehenden zunehmenden Verstädterung in Deutschland. So reagierten die Menschen auf den Verlust traditioneller Formen von Vergesellschaftung und Zusammenhalt. Vereine entstanden in der Mitte des 19. Jahrhunderts in fast allen Lebens- und Gesellschaftsbereichen, vor allem aber in Sport, Kultur und Sozialem. Sie repräsentierten die in jener Zeit entstandene neue bürgerliche Öffentlichkeit.

Mit dem Bürgerlichen Gesetzbuch (BGB) von 1900 wurde den Vereinen eine besondere Rechtsstellung eingeräumt (vgl. Kapitel 3.1). Rasch begann eine große soziale Ausdifferenzierung von Vereinen nach unterschiedlichen sozialen, kulturellen und politischen Milieus.

Erst in der zweiten Hälfte des 19. Jahrhunderts entwickelten sich Vereine auch zur wichtigsten Organisationsform privater Wohltätigkeit (vgl. Sachße, 2011, S. 19). Sie wirkten lokal und engagierten sich ergänzend zur öffentlichen Armenpflege für

Notleidende und Hilfsbedürftige. Dabei entwickelten sie eine Vielzahl neuer Angebote für unterschiedliche Problemlagen und Adressaten.

Die Ausdifferenzierung der lokalen Armenpflege zur kommunalen Sozialpolitik einerseits und das Entstehen einer vielfältigen sozialen Vereinslandschaft andererseits machte schon bald eine enge Zusammenarbeit zwischen öffentlicher und privater Wohltätigkeit erforderlich. Städte wie bspw. Frankfurt am Main entwickelten hierfür Formen der planvollen Koordinierung (Frankfurter System). Neue reichsweit tätige Vereinigungen - wie z. B. der 1919 gegründete Deutsche Verein für öffentliche und private Fürsorge - widmeten sich dieser zentralen Frage aus wissenschaftlicher und politischer Perspektive.

1.1.3 Wohlfahrtsverbände

In der Weimarer Republik änderten sich die politischen und sozialen Rahmenbedingungen auch für das soziale Engagement (vgl. Sachße, 2011, S. 21 f.). Parlamentarismus, Demokratisierung und Festigung des Wohlfahrtsstaates gingen mit einem Bedeutungsverlust der bisherigen Organisationsmilieus ehrenamtlichen Engagements einher. An ihre Stelle traten zunehmend verbandlich organisierte professionelle Strukturen mit jeweils spezifischen Werteorientierungen und Weltanschauungen.

Während es in der konfessionellen Wohlfahrtspflege bereits Ende des 19. Jahrhunderts zu Spitzenverbandsbildungen kam, gründeten sich nach dem Ersten Weltkrieg auch im nichtkonfessionellen Bereich Wohlfahrtsverbände. Als Dach- und Fachverbände gewannen sie enormen politischen Einfluss gegenüber dem Reich mit seiner regulierenden und finanzierenden Rolle in der Wohlfahrtspflege. Bis heute nehmen die Wohlfahrtsverbände eine herausragende Rolle in der Sozialen Arbeit und in der Sozialpolitik ein. Als Wertegemeinschaften und Mitgliederorganisationen binden sie ein große Zahl Freiwilliger an sich, die sich in ihren Ortsvereinen und in ihren sozialen Einrichtungen und Diensten ehrenamtlich engagieren (vgl. Timm, 2011, S. 309 ff.).

Im Zuge der fortschreitenden Ausdifferenzierung und Spezialisierung ihrer Angebote sowie zunehmender Professionalisierung und Dienstleistungsorientierung ist in vielen Bereichen der Wohlfahrtsverbände das ehrenamtliche Engagement allerdings zurückgedrängt worden. Während das hauptamtliche Personal stark zugenommen hat, war die Anzahl der freiwillig Engagierten in den Verbänden rückläufig. Wohlfahrtsverbände sind heute professionell durchorganisierte soziale Dienstleistungsunternehmen. Demgegenüber ist ihre Bedeutung als verbindende Wertegemeinschaften deutlich in den Hintergrund getreten. Dennoch spielt das soziale Ehrenamt in den Verbänden auch weiterhin eine wichtige Rolle. Inzwischen bemühen sich die Verbände erkennbar um eine Reintegration freiwilligen und ehrenamtlichen Engagements in ihre Organisationsstrukturen sowie ihren Alltag und haben hierfür eigene Strategien und Methoden entwickelt (vgl. Kapitel 4).

Zu den **Spitzenverbänden der Freien Wohlfahrtspflege** gehören:

- Deutscher Caritasverband
- Diakonie Deutschland, Evangelisches Werk für Diakonie und Entwicklung e. V.
- Zentralwohlfahrtsstelle der Juden in Deutschland
- Arbeiterwohlfahrt
- Deutsches Rotes Kreuz (DRK)
- Deutscher Paritätischer Wohlfahrtsverband

ÜBUNG 1.1:

Recherchieren Sie auf den Websites der Spitzenverbände, welche Aufgaben sie heute wahrnehmen.

Die Wohlfahrtsverbände haben ein enges Verhältnis zu Staat und Kommunen, das von dem in der katholischen Soziallehre entwickelten Subsidiaritätsprinzip getragen ist und ihnen eine privilegierte Stellung einräumt. Sie haben ihrerseits auf örtlicher, Länder- sowie auf Bundesebene Zusammenschlüsse gebildet (z. B. Liga der Freien Wohlfahrtspflege, Bundesarbeitsgemeinschaft der Freien Wohlfahrtspflege), um ihre fachlichen und politischen Interessen durchzusetzen (vgl. Timm, 2011, S. 309 ff.).

ÜBUNG 1.2:

Erläutern Sie das Subsidiaritätsprinzip und seine gesellschaftliche Bedeutung.

1.1.4 Stiftungswesen

Stiftungen nehmen in den Traditionen bürgerschaftlichen Engagements eine Sonderstellung ein (vgl. Sachße, 2011, S. 25). Ihre Wurzeln sind deutlich älter und reichen zum Teil bis ins deutsche Mittelalter. Sie stehen für ein Engagement, bei dem es nicht um konkretes soziales Handeln geht. Vielmehr wird Geld und Vermögen bereitgestellt, um daraus auf Dauer und nachhaltig einen vom Stifter bestimmten Zweck zu erfüllen. Die unterschiedlichen Formen von Stiftungen lernen Sie in Kapitel 3.1 kennen.

1.1.5 Soziale Bewegungen

Jenseits der bisher beschriebenen Traditionen gibt es eine Vielzahl von Engagementformen, die sich unabhängig und zum Teil in deutlicher Abgrenzung von den etablierten Verbands- und Vereinsstrukturen und von staatlicher Politik herausgebildet haben. Sie sind eng mit den gesellschaftlichen Veränderungen in der zweiten Hälfte des 20. Jahrhunderts verbunden. Dabei gibt es eine erkennbare Rückbesinnung auf die lokale Gemeinschaft, eine Vervielfältigung gemeinschaftlicher Werthaltungen (Pluralisierung), den Wunsch nach individueller Lebensführung (Individualisierung) sowie eine Distanz gegenüber bürokratisch durchorganisierten und rein professionell erbrachten sozialen Dienstleistungen (vgl. Sachße, 2011, S. 24).

Soziale Bewegungen sind gemeinschaftliche Aktivitäten, die meist auf eine begrenzte Dauer angelegt sind und auf feste organisatorische Strukturen verzichten.

Das gemeinsame Engagement ist getragen von geteilten Überzeugungen, Ritualen oder auch Symbolen. Viele soziale Bewegungen zielen auf öffentliche Meinungsbildung und gesellschaftliche Veränderungen und nutzen hierfür die Form des Protests (vgl. Roth, 2011, S. 786 f.), wie insbesondere die Studentenbewegung der 1960er-Jahre in Westdeutschland gezeigt hat.

In den 1980er-Jahren erlebten in ganz Westeuropa die sogenannten neuen sozialen Bewegungen einen großen Aufschwung. Hierzu gehören insbesondere die neue Frauenbewegung, die Ökologie- und Friedensbewegung, die Schwulen- und Lesbenbewegung und die Solidaritäts- und Menschenrechtsbewegung (vgl. Roth, 2011, S. 786 f.). Zu nahezu allen gesellschaftlich relevanten Themen fanden sich Menschen zusammen, die sich für politische Veränderungen engagierten, Alternativen in der Praxis erprobten und damit auch Anstöße für Entwicklungen in der Sozialen Arbeit gaben. Viele der heute etablierten sozialen Angebote und Dienstleistungen sind letztlich aus diesen Bewegungen heraus entstanden.

Dies gilt in besonderer Weise für die (vor allem gesundheitlichen) Selbsthilfegruppen, die in den 1980er-Jahren vielerorts entstanden. Die Selbsthilfebewegung hat in den vergangenen Jahrzehnten das Gesundheits- und Sozialsystem der Bundesrepublik maßgeblich verändert und bereichert (vgl. Kapitel 2.1).

Bis heute ist es so, dass engagierte Bürger mit großer Kreativität und meist deutlich flexibler als Großorganisationen auf Veränderungen, gesellschaftliche Bedarfe oder soziale Notlagen reagieren (vgl. Beispiel 1.1). Damit sorgen sie auch für neue Angebote und geben Impulse für die Weiterentwicklung sozialer Organisationen und Einrichtungen.

BEISPIEL 1.1:

2015 wurde das bürgerschaftliche Engagement bei der Hilfe und Unterstützung von den nach Deutschland kommenden Flüchtlingen besonders deutlich. Vielerorts zeigten die Bürger spontane Hilfsbereitschaft und engagierten sich in Projekten und Initiativen für Flüchtlinge. Die Praxis einer lebendigen Willkommenskultur mit abgestimmten Maßnahmen der Hilfe und Integration ist ohne eine engagierte Bürgerschaft nicht vorstellbar.

! Bürgerschaftliches Engagement, wie wir es heute in seiner Vielfalt kennen, hat verschiedene historische Wurzeln. Sie finden sich in den Anfängen der kommunalen Selbstverwaltung, in der Entstehung des lokalen Vereinswesens und der Gründung von Wohlfahrtsverbänden. Viele heutige Engagementformen, wie bspw. die Selbsthilfe, haben aber auch in sozialen Bewegungen ihren Ursprung. Stiftungen sind Sonderformen bürgerschaftlichen Engagements mit einer eigenen Entstehungsgeschichte.

1.2 Zentrale Begriffe

Seit der Jahrtausendwende erfreut sich die Debatte über das bürgerschaftliche Engagement in Deutschland ungebrochener öffentlicher und politischer Aufmerksamkeit. Die Diskussionen sind dabei von verschiedenen Begriffen dominiert, die es zu verstehen gilt. Allerdings werden viele dieser Begriffe nicht trennscharf oder sogar synonym verwendet. So gibt es in der wissenschaftlichen Diskussion bis heute kein allgemein gültiges und akzeptiertes Begriffsverständnis von bürgerschaftlichem Engagement.

Diese akademischen Debatten können und sollen hier nicht nachgezeichnet werden. Vielmehr geht es darum, Ihnen möglichst klare und praxistaugliche Definitionen vorzustellen. Dabei wird im Folgenden vor allem auf die Arbeiten der Enquete-Kommission „Zukunft des Bürgerschaftlichen Engagements" des Deutschen Bundestags Bezug genommen (vgl. Enquete-Kommission, 2002).

1.2.1 Bürgerschaftliches Engagement

Bürgerschaftliches Engagement ist kein präziser wissenschaftlicher, sondern vielmehr ein politischer Begriff. Eingeführt und geprägt wurde er vor allem von der Enquete-Kommission „Zukunft des Bürgerschaftlichen Engagements" des Deutschen Bundestages, die zu Beginn des neuen Jahrtausends (1999–2002) eine umfangreiche Bestandsaufnahme sowie Empfehlungen zur Förderung des Engagements vorgelegt hat. Ausgangspunkt der Kommission waren die in den vorangegangenen Jahrzehnten stattgefundenen Veränderungen mit neuen Ausdrucksformen, Motivlagen und Begründungsmustern freiwilligen und unentgeltlichen Engagements.

Diese neue Vielfalt und Unübersichtlichkeit machten es erforderlich, das Gemeinsame in all den verschiedenen Engagementformen (vgl. Kapitel 2) zu betonen und auf diese Weise separat verhandelte Felder in einen gesellschaftlichen Zusammenhang zu bringen. Dies leistet der Begriff des bürgerschaftlichen Engagements.

DEFINITION 1.1:

Bürgerschaftliches Engagement ist ein Sammelbegriff für unterschiedliche Formen von freiwillig erbrachten, nicht auf materiellen Gewinn ausgerichteten (unentgeltlich oder geringe Aufwandsentschädigung) Tätigkeiten, die öffentlich bzw. im öffentlichen Raum stattfinden (also anschlussfähig sind für andere Interessierte und Mitwirkende), i. d. R. gemeinschaftlich und kooperativ ausgeübt werden und in ihren Wirkungen nicht nur auf die unmittelbar Beteiligten zielen, sondern einen Beitrag zur Förderung des Gemeinwohls leisten (Gemeinwohlorientierung) (vgl. Enquete-Kommission, 2002, S. 86 ff.).

Zum bürgerschaftlichen Engagement zählen traditionelle und neue Formen ehrenamtlicher Tätigkeiten in Vereinen, Verbänden und Kirchen, Freiwilligendienste, unterschiedliche Varianten der Selbsthilfe, der Wahrnehmung öffentlicher Funktionen sowie Formen der politischen Beteiligung und Mitbestimmung. Es umfasst also weit mehr als das traditionelle Ehrenamt (vgl. ausführlich Kapitel 2).

Bürgerschaftliches Engagement ist aber nicht nur ein Sammelbegriff. Der Begriff ist eng mit dem Konzept der Bürger- bzw. Zivilgesellschaft verbunden. Er erfährt insofern eine normative Ausrichtung, als er Gemeinwohlverantwortung mit Teilhabe- und Mitbestimmungsmöglichkeiten und der Bildung von sozialem Kapital in der Gesellschaft verbindet.

EXKURS: SOZIALKAPITAL

Im Diskurs über bürgerschaftliches Engagement spielt der Begriff des sozialen Kapitals bzw. Sozialkapitals eine wichtige Rolle. Dabei sind verschiedene Konzepte von Sozialkapital voneinander zu unterscheiden. Soziales Kapital ist sowohl ein privates als auch ein öffentliches Gut. Es lässt sich sowohl in individueller Perspektive (als soziales Kapital von einzelnen Menschen) als auch in gesellschaftlicher Perspektive (als soziales Kapital von Gruppen, Gemeinschaften und Gesellschaften) beschreiben.

Der französische Soziologe Pierre Bourdieu hat es vor allem als individuelle Ressource gekennzeichnet und damit Prozesse gesellschaftlicher Differenz beschrieben. Ökonomisches, kulturelles und soziales Kapital können von Menschen angesammelt und gegenseitig konvertiert werden. Mit diesem Modell erklärt er soziale Ungleichheit (vgl. Bourdieu, 1983).

Der amerikanische Politikwissenschaftler Robert Putnum hingegen - auf ihn wird in der Debatte über die Bürgergesellschaft vorrangig Bezug genommen - unterscheidet zwischen *Bridging Social Capital* und *Bonding Social Capital* (vgl. Putnum, 2000). Während Letzteres Gruppen gleicher Hautfarbe, sozialer Lage und Herkunft zusammenschweißt, ihre Zusammengehörigkeit fördert, sie gegenüber anderen Gruppen abgrenzt und damit nicht selten Elitenbildung und soziale Trennung fördert, betont der erste Begriff die positiven, Brücken bauenden Seiten von Sozialkapital. Im gemeinsamen bürgerschaftlichen Engagement entsteht *Bridging Social Capital* in Form von sozialen Netzwerken. In ihnen können ethnische, soziale, generationelle, geschlechtliche oder religiöse Grenzen überwunden werden (vgl. Braun, 2011, S. 58 ff.).

Bürgerschaftlichem Engagement wird der positive gesellschaftliche Effekt zugeschrieben, unterschiedliche Menschen miteinander zu verbinden und Gemeinsamkeiten zwischen ihnen zu stiften. Auf diese Weise entsteht soziales Kapital als ein gesellschaftliches Gut in Form von Netzwerken, geteilten Normen von Gegenseitigkeit, Formen der Zusammenarbeit sowie nicht zuletzt sozialem Vertrauen (vgl. Enquete-Kommission, 2002, S. 77 f.).

Nicht jedes freiwillige und unentgeltliche Engagement lässt sich in diesem Sinne als bürgerschaftlich qualifizieren. Der Begriff „bürgerschaftliches Engagement" bietet durch seine gesellschaftstheoretische Einordnung die Möglichkeit der Abgrenzung gegenüber unzivilen Engagementformen. Jedwede Formen von politischem oder auch religiösem Extremismus, die gegen universelle Menschenrechte und Prinzipien wie Gewaltfreiheit verstoßen, sind damit klar von bürgerschaftlichem Engagement abzugrenzen.

Bürgerschaftliches Engagement hat einen demokratiepolitischen Mehrwert, weil hierbei gesellschaftliche Ansprüche von Teilhabe, Beteiligung und Gestaltung der Gesellschaft gelebt und zivile Tugenden und Verhaltensformen eingeübt bzw. praktiziert werden. Mit dem bewussten Bezug auf den Bürgerstatus schlägt der Begriff zudem die Brücke zwischen Zivilgesellschaft als Beschreibung eines real bestehenden gesellschaftlichen Sektors und der Vision von Bürgergesellschaft als Leitvorstellung unseres politischen Gemeinwesens.

In der Praxis hat sich indes der Begriff Bürgerschaftliches Engagement nicht durchsetzen können. Engagierte verstehen ihr Tun auch weiterhin überwiegend als Ehrenamt, Freiwilligenarbeit oder freiwilliges Engagement. Lediglich in den eher politischen Bereichen, insbesondere auf kommunaler und lokaler Ebene, bezeichnen sich Engagierte als bürgerschaftlich engagiert (vgl. Gensicke et al., 2015, S. 337 f.).

Nichtsdestotrotz wird der Begriff weiterhin auf politischer und fachpolitischer Ebene verwendet und hat hier seine Bedeutung und Berechtigung. In dieser Funktion hat er entscheidend zur öffentlichen und politischen Aufwertung bürgerschaftlichen Engagements beigetragen (vgl. Klein et al., 2010, S. 24 ff.).

ÜBUNG 1.3:

Worin besteht der Unterschied zwischen den Begriffen „Ehrenamt" und „Bürgerschaftliches Engagement"? Erklären Sie den Unterschied anhand selbst gewählter Beispiele.

1.2.2 Zivilgesellschaft, Bürgergesellschaft, Dritter Sektor

Die Begriffe „Bürgergesellschaft", „Zivilgesellschaft" und „Dritter Sektor" werden häufig synonym verwendet, auch wenn sie unterschiedlichen Begriffstraditionen entspringen und für unterschiedliche Konzepte stehen. Zur besseren Verständlichkeit und zur Vereinfachung wird im Folgenden der Begriff „Zivilgesellschaft" als analytisch-empirischer Begriff und „Bürgergesellschaft" demgegenüber als normativer Begriff, Vision und Leitvorstellung benutzt. Der Dritte Sektor wird als Teilbereich der Zivilgesellschaft verstanden, in dem verfasste gemeinnützige Organisationen (mit eigener Rechtsform und Organisationsstruktur) tätig sind.

Zivilgesellschaft

DEFINITION 1.2:

Als Zustandsbeschreibung meint die **Zivilgesellschaft** den Teil unserer Gesellschaft, in dem sich die Bürgerinnen und Bürger nach demokratischen Regeln selbst organisieren und auf die Geschicke des Gemeinwesens einwirken können. Zivilgesellschaft versteht sich als Raum zwischen Markt, Staat und Familie bzw. Privathaushalten, in dem sich freiwillige Zusammenschlüsse bilden, wo Teilhabe- und Mitgestaltungsmöglichkeiten genutzt werden und Bürgerinnen und Bürger Gemeinwohlverantwortung übernehmen (vgl. Enquete-Kommission, 2002, S. 99 ff.).

In einem bereichslogischen Verständnis gehört die Gesamtheit von Verbänden und Vereinen, Stiftungen, Bewegungen, Projekten und Initiativen sowie freiwilligen Assoziationen zur Zivilgesellschaft. Ein handlungslogischer Zugang macht auf die besondere Handlungslogik, spezifische zivile Verhaltensweisen und Werteorientierungen in der Zivilgesellschaft aufmerksam. Hierzu gehören insbesondere Toleranz, Verständigung, Kompromissbereitschaft, Gewaltfreiheit sowie nicht zuletzt eine über das rein private Interesse hinausgehende Orientierung am Gemeinwesen (vgl. Klein, 2011, S. 29).

Bürgerschaftliches Engagement ist der bestimmende Handlungsmodus der Zivilgesellschaft, der von Pluralismus, Freiwilligkeit, Selbstorganisation und Transparenz von Entscheidungen geprägt ist.

Bürgergesellschaft

Bürgergesellschaft ist demgegenüber ein normativer Begriff. Seit der Aufklärung verbindet sich mit ihm eine Idee, eine Vision von Selbstbestimmung, Teilhabe und gesellschaftlicher Verantwortungsübernahme (vgl. Klein, 2011; Klein, 2001). Im Mittelpunkt steht die Figur des am Gemeinwohl orientierten *Citoyens* (ein dem Gemeinwesen verpflichteter, aktiver Bürger), der mit unveräußerlichen Rechten ausgestattet ist, an den sich aber auch eine Reihe von Erwartungen und Pflichten gegenüber dem Gemeinwesen richtet.

DEFINITION 1.3:

Mit **Bürgergesellschaft** verbindet sich die Vorstellung von einer Gesellschaft, in der eine neue Verantwortungsbalance zwischen Staat, Wirtschaft und Zivilgesellschaft und neuen Formen der Kooperation und Partnerschaft angestrebt werden. Dabei wird den Bürgerinnen und Bürgern ein Höchstmaß an Mitbestimmung und Mitgestaltung bei allen sie betreffenden Belangen eingeräumt (vgl. Enquete-Kommission, 2002, S. 76 ff.).

In diesem Sinne ist Bürgergesellschaft eine regulative Idee, eine gesellschaftliche Leitvorstellung von mehr Verantwortungsteilung und Demokratie (vgl. Enquete-Kommission, 2002, S. 76 ff.), die erst in Teilen realisiert ist.

Dritter Sektor

Der Dritte Sektor stellt einen wesentlichen Teilbereich der Zivilgesellschaft dar, nämlich den Bereich, der organisatorisch und rechtlich verfasst ist. Hierzu gehören insbesondere Verbände und Vereine, Stiftungen und Genossenschaften.

Dieser noch relativ junge Begriff wurde erst in den 1980er-Jahren des vergangenen Jahrhunderts eingeführt, um einen neuen und zunehmend an Bedeutung gewinnenden gesellschaftlichen Bereich zu beschreiben. Dabei ging es einerseits um Abgrenzung gegenüber dem Staat mit seinen hoheitlichen Aufgaben und seiner Organisation in Form öffentlicher Verwaltungen (Behörden, Ämter, Ministerien). Andererseits war dieser Dritte Sektor zu unterscheiden vom Sektor Markt und Wirtschaft, in dem Gewinnorientierung als Handlungsprinzip gilt und Unternehmen als zentrale Akteure agieren (vgl. Backhaus-Maul, 2011, S. 201).

DEFINITION 1.4:

Der Begriff „**Dritter Sektor**" ist also zunächst nur eine Negativabgrenzung gegenüber den gesellschaftlichen Sektoren Staat und Wirtschaft. Inhaltlich kennzeichnet er gemeinwohlorientierte Organisationen, die als Erbringer vorrangig sozialer Angebote und Dienstleistungen agieren, über erhebliche Wirtschaftskraft und beschäftigungspolitische Potenziale verfügen und dabei in wesentlichen Teilen auf die Ressource des freiwilligen Engagements angewiesen sind.

Auch für den Begriff „Dritter Sektor" finden sich unterschiedlich weite oder enge Definitionen. So werden ihm bisweilen auch kleine, rechtlich unselbstständige Projekte und Initiativen zugerechnet. In diesem Falle gibt es eine Überschneidung mit der bereits dargestellten Vorstellung von Zivilgesellschaft, die hier jedoch nicht geteilt wird.

Organisationen des Dritten Sektors werden häufig auch als Non-Profit-Organisationen (NPO) beschrieben. Dem liegt die Vorstellung zugrunde, dass Dritt-Sektor-Organisationen keine Gewinne erwirtschaften und allein dem Gemeinwohl verpflichtet sind. Tatsächlich aber haben sich in der Realität hybride Organisationstrukturen herausgebildet, in denen Staatsnähe, wirtschaftliche Prinzipien und Gemeinwohlbezug in einem engen Wechselverhältnis stehen. Sie werden daher in jüngster Zeit – etwas treffender – auch als „Not-for-Profit-Organisation" oder auch Social-Profit-Organisationen (vgl. Weyrich, 2017, S. 785 ff.) gekennzeichnet.

ÜBUNG 1.4:

Warum beschreiben die Begriffe Not-for-Profit-Organisation oder Social-Profit-Organisation die Organisationen des Dritten Sektors treffender als der bislang vorherrschende Terminus Non-Profit-Organisation?

1.2.3 Bürgerkommune

Auf kommunaler Ebene hat sich die Vision von Bürgergesellschaft im Leitbild der Bürgerkommune konkretisiert. Es wurde Anfang der 1990er-Jahre aus der Verwaltungspraxis heraus entwickelt. Verwaltungsmodernisierung war bis dahin vorrangig betriebswirtschaftlich ausgerichtet (neues Steuerungsmodell mit Dienstleistungsorientierung und einer Vorstellung vom Bürger als Kunden). Dem setzten einige Kommunen die Vorstellung einer Bürgerkommune entgegen, in der Bürger verstärkt als Mitentscheider und Mitgestalter kommunaler Aufgaben (Koproduktion) verstanden wurden (vgl. Bogumil; Holtkamp, 2011, S. 43 f.). Hierfür entwickelten sie neue Ansätze von Mitwirkungs- und Beteiligungsangeboten. Dabei ging es sowohl um eine größere Verantwortungsübernahme und ein intensiveres Mittun der Bürgerinnen und Bürger vor Ort als auch um eine Stärkung ihrer politischen Mitbestimmungsmöglichkeiten.

DEFINITION 1.5:

Das Konzept der **Bürgerkommune** zielt gleichsam auf eine höhere Bürgerzufriedenheit mit kommunalen Dienstleistungen (Akzeptanz), auf eine stärkere Beteiligung am politischen Leben (Demokratisierung), auf mehr Hilfsbereitschaft und Engagement (Solidarität), aber auch auf eine Entlastung kommunaler Haushalte (Effektivität) und bessere Politikergebnisse (Effizienz).

Es geht damit also um nicht weniger als eine weitreichende Umgestaltung des kommunalen Entscheidungssystems sowie letztlich um einen umfassenden Kulturwandel (vgl. Bogumil; Holtkamp, 2011, S. 43 f.).

Den hohen Erwartungen, die sich an das formulierte Leitbild Bürgerkommune richteten, konnte diese in der Praxis häufig nicht gerecht werden. Sie erwies sich nicht als Allheilmittel zur Begegnung allgemeiner Politikverdrossenheit. Längst nicht alle sozialen Gruppen konnten in gleichem Maße erreicht werden, sodass soziale Ungleichheit durch Beteiligungsansätze verstärkt wurde. Die Reduzierung auf kleinteilige bzw. unstrittige Projekte, die mangelnde Umsetzung von Beteiligungsergebnissen, anhaltende Haushaltsrestriktionen und das Fehlen verlässlicher Infrastrukturen der Engagementförderung ließen die Bürgerkommune vielerorts an ihre Grenzen stoßen. Auch empirische Untersuchungen ziehen eine eher ernüchternde Bilanz (vgl. Bogumil; Holtkamp, 2011, S. 43 f.). So ist es spätestens seit der Jahrtausendwende sehr ruhig um die Bürgerkommune geworden.

Dennoch hat das Leitbild Bürgerkommune in der bundesdeutschen Debatte über die Förderung bürgerschaftlichen Engagements erhebliche Spuren hinterlassen. Seine Ansprüche auf Mitwirkung und Beteiligung der Bürger haben weiterhin Bestand. Nur ist dieses Leitbild zu unkonkret, zu umfassend und häufig auch zu widersprüchlich (vgl. Vandamme, 2012, S. 263), um vor Ort in den Kommunen praktisch umgesetzt zu werden. So scheint mit Blick auf Umsetzungsperspektiven vor Ort Bescheidenheit angebracht. Den „Königsweg" zur Bürgerkommune mit einem verbindlichen Fahrplan und verlässlichen Stationen gibt es nicht. Die Bürgerkommune ist daher vielleicht am ehesten zu begreifen als

„eine Haltung innerhalb und außerhalb des Rathauses, die auf der einen Seite durch Offenheit und Wertschätzung gegenüber bürgerschaftlichem Engagement geprägt ist und auf der anderen Seite durch die Bereitschaft, sich aktiv einzubringen." (Vandamme, 2012, S. 263)

1.3 Empirische Daten

Wie viele Menschen sind in Deutschland tatsächlich bürgerschaftlich engagiert? Aus welchen Motiven, mit welchen Erwartungen und in welchen Bereichen engagieren sie sich? Gibt es Unterschiede zwischen den Geschlechtern und Altersgruppen? Spielen Bildung und Erwerbsstatus dabei eine Rolle? Was wünschen sich freiwillig Engagierte an Unterstützung? Und wie schätzen gemeinnützige Organisationen die Situation ein?

Alltagserfahrungen und öffentliche Berichterstattung liefern häufig eher skeptische Einschätzungen zu diesen Fragen. Daher ist hierzu ein Blick in die einschlägige Engagementforschung erhellend. Obwohl im bürgerschaftlichen Engagement noch große Forschungslücken bestehen, gibt es inzwischen doch eine Reihe von Studien, die eine solide Datenbasis darstellen. Auf den Freiwilligensurvey (Personenbefragung) und die Studie „Zivilgesellschaft in Zahlen" (Organisationenbefragung) wollen wir im Folgenden genauer eingehen.

1.3.1 Der Blick auf die Engagierten: Der Freiwilligensurvey

Der Freiwilligensurvey ist die bislang größte Untersuchung zum freiwilligen Engagement in Deutschland. Als repräsentative Bevölkerungsbefragung wird er seit 1999 im Abstand von jeweils fünf Jahren durchgeführt und ermöglicht damit Betrachtungen von Entwicklungen und Veränderungen im Zeitverlauf.

Dem Freiwilligensurvey 2014 (vgl. Simonson; Tesch-Römer, 2016; Gensicke, 2015) zufolge sind in Deutschland fast 44 % der Menschen über 14 Jahren freiwillig engagiert. Hochgerechnet entspricht dies rund 31 Millionen Engagierten. In den vergangenen 15 Jahren ist die Engagementquote dabei um knapp 10 % gestiegen (vgl. Tabelle 1.1).

Tab. 1.1: Anteil freiwillig Engagierter in Deutschland im Zeitvergleich (vgl. Simonson; Tesch-Römer, 2016; Gensicke, 2015)

1999	34 %
2004	36 %
2009	36 %
2014	44 %

Dieser – für manchen Betrachter sicher erstaunliche – Befund lässt sich nicht eindimensional, sondern nur mit dem Wissen um verschiedene Entwicklungen und Faktoren erklären. So spielt sicherlich der demografische Wandel mit seinen Begleiterscheinungen eine wichtige Rolle. Menschen werden älter, sind länger gesund und suchen in der nachberuflichen Lebensphase eine sinnstiftende Betätigung. Aber auch der Umbau des Sozialstaats hat in vielen Bereichen Lücken und Bedarfe sichtbar werden lassen, um die sich engagierte Bürger kümmern. Nicht zuletzt hat auch die staatliche Engagementpolitik mit ihren Programmen der Engagementförderung ihren Teil zu dieser Entwicklung beigetragen. Insgesamt haben sich das gesellschaftliche Klima und die Art und Weise, wie über ehrenamtliches Engagement berichtet und diskutiert wird, positiv verändert.

Auch unter den bislang nicht Engagierten ist die Bereitschaft, sich künftig ehrenamtlich zu betätigen, beachtlich, und dieses Engagementpotenzial ist ebenfalls gestiegen. Jeder Zweite bisher nicht Engagierte wäre bereit, sein Verhalten unter bestimmten Voraussetzungen zu ändern. Auf diese Personengruppe zielen inzwischen zahlreiche Maßnahmen, Projekte und Programme von staatlichen und zivilgesellschaftlichen Organisationen ab, um sie für ein freiwilliges Engagement zu gewinnen.

HINWEIS:

Die vierte Erhebungswelle des Freiwilligensurveys wurde von einem anderen Institut durchgeführt als die drei vorherigen Studien. Bei der vierten Welle gab es einige methodische Veränderungen, weshalb in der Fachdiskussion die Höhe der Engagementquote 2014 sowie die Vergleichbarkeit der Ergebnisse mit den Daten von 1999, 2004 und 2009 kritisch diskutiert werden. Das besondere Engagement im Zusammenhang mit dem Flüchtlingszustrom nach Deutschland 2015 kann den deutlichen Anstieg nicht erklären, da die Erhebung bereits 2014 stattfand. Die Autoren verweisen zur Erklärung vor allem auf das positive gesellschaftliche Klima, die entwickelten Strukturen und erfolgreichen Programme der Engagementförderung. Die wissenschaftliche Auseinandersetzung hierzu können Sie in zahlreichen Beiträgen und Positionierungen im Archiv des Bundesnetzwerks Bürgerschaftliches Engagement (BBE) nachvollziehen.

Der größte Bereich des freiwilligen Engagements ist mit Abstand der Sport, gefolgt von Schule und Kindergarten, Kultur und Musik, Kirche und Religion, Freizeit und Geselligkeit sowie dem sozialen Bereich. Mit Abstand am häufigsten engagieren sich die Menschen in Vereinen, in individuell organisierten Gruppen und in Einrichtungen in öffentlicher, freier oder kirchlicher Trägerschaft.

Nach dem Freiwilligensurvey sind Männer insgesamt etwas häufiger freiwillig engagiert als Frauen (vgl. Simonson; Tesch-Römer, 2016; Gensicke, 2015). Dabei sind Männer häufiger als Frauen in Vorstands- und anderen Wahlpositionen zu finden. In sozialen Bereichen bzw. in den eher direkt helfenden und fürsorglichen Feldern sind Frauen dagegen stärker engagiert. Der Geschlechtervergleich macht deutlich, dass im bürgerschaftlichen Engagement ebenso gesellschaftliche Ungleichheiten bestehen wie in der Arbeitswelt.

Auch zwischen den Altersgruppen gibt es erhebliche Unterschiede (vgl. Simonson; Tesch-Römer, 2016; Gensicke, 2015): Bei Jugendlichen und jungen Erwachsenen sowie den Menschen im Alter von bis zu 50 Jahren ist das Engagement besonders hoch. In den älteren Altersgruppen (ab 65 Jahre) ist die Quote zwar insgesamt geringer, allerdings gab es hier in den vergangenen 15 Jahren dennoch große Zuwächse.

Ob Menschen sich bürgerschaftlich engagieren, hängt zudem in hohem Maße von ihrem Bildungshintergrund ab (vgl. Simonson; Tesch-Römer, 2016; Gensicke, 2015). 52 % der Menschen mit hoher schulischer Bildung (Gymnasium) engagieren sich bürgerschaftlich, dagegen sind es nur 28 % der Menschen mit niedrigerem Bildungsniveau (Hauptschule, ohne Schulabschluss).

Bürgerschaftliches Engagement ist in den neuen Ländern geringer ausgeprägt als in den alten (vgl. Simonson; Tesch-Römer, 2016 und Gensicke, 2015). 2014 betrug die Engagementquote in den westdeutschen Ländern 45 %. In Ostdeutschland lag sie bei 38 %. Allerdings haben sich diese Unterschiede zwischen Ost und West in den letzten Jahren verringert.

Bundesland	Engagementquote
Rheinland-Pfalz	48,3
Baden-Württemberg	48,2
Bayern	47,3
Saarland	46,4
Niedersachsen	46,2
Hessen	44,4
Mecklenburg-Vorpommern	42,8
Schleswig-Holstein	42,7
Bremen	42,3
Nordrhein-Westfalen	41,0
Thüringen	39,3
Brandenburg	38,7
Sachsen	38,3
Berlin	37,2
Sachsen-Anhalt	37,1
Hamburg	36,0

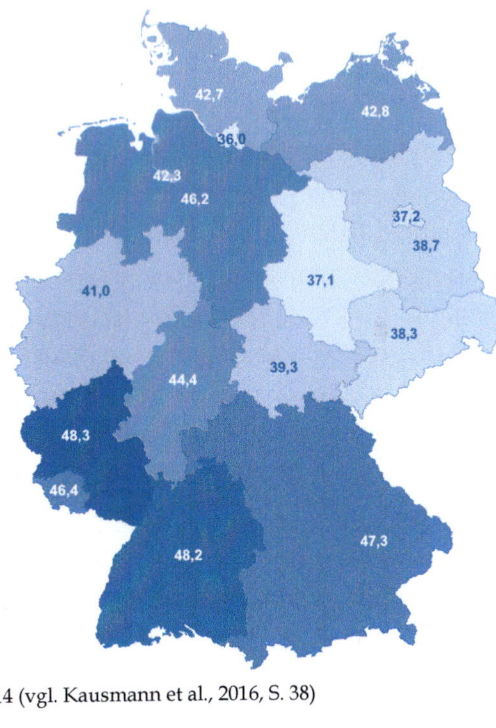

Abb. 1.1: Ländervergleich Engagementquote 2014 (vgl. Kausmann et al., 2016, S. 38)

ÜBUNG 1.5:

Recherchieren Sie, wie viele Menschen sich freiwillig in dem Bundesland engagieren, in dem Sie arbeiten bzw. leben. Nutzen Sie hierfür die Länderauswertungen zum Freiwilligensurvey.

Im bürgerschaftlichen Engagement verbindet sich ein Gemisch aus verschiedenen Interessen und Erwartungen, die von altruistischen Motiven über Eigensinn bis hin zu Eigennutz reichen. Dabei stehen Freude an der Tätigkeit, das Zusammenkommen mit sympathischen Menschen sowie der Wunsch, anderen Menschen zu helfen und dem Gemeinwohl zu dienen, an vorderster Stelle. Aber auch das Interesse an Qualifikationen, die ggf. auch für den Beruf nützen, die Möglichkeit, Verantwortung zu übernehmen und im Engagement Entscheidungs- und Mitbestimmungsmöglichkeiten zu finden, ziehen hohe Erwartungen auf sich. Die Motive für und die Erwartungen an das bürgerschaftliche Engagement zu verstehen, ist eine ganz wichtige Voraussetzung für die Entwicklung passgenauer Förderstrategien.

Von Staat und Gesellschaft wünschen sich Engagierte vor allem bessere Information und Beratung über Möglichkeiten des Engagements, die Absicherung von Risiken (Versicherung), eine bessere Vereinbarkeit des Engagements mit Beruf und Familie (z. B. durch spezielle Freistellungsregelungen) sowie steuerliche und finanzielle Anreize. An die Organisationen richten sich insbesondere Erwartungen wie die Bereitstellung von Räumen und Ausstattung, fachliche Unterstützung und Weiterbildung. Angemessene Formen der Anerkennung und Würdigung erwarten Engagierte von ihren Organisationen, von Staat und Kommunen sowie von der Gesellschaft als Ganzes.

Der Freiwilligensurvey liefert viele weitere Befunde, die für Einrichtungen und Organisationen spannend und für die eigene Organisationsentwicklung aufschlussreich sein können. Der Survey ist insofern nicht nur eine Studie zur Daten- bzw. Erkenntnisgewinnung, sondern kann auch als praktische Arbeitsgrundlage genutzt werden. Neben der Hauptstudie, die das Bundesfamilienministerium (BMFSFJ) beauftragt und finanziert, werden regelmäßig Sonderauswertungen durchgeführt (Einzelauswertungen auf Ebene der Bundesländer, in einzelnen Feldern wie Sport,

Kirche, zu Adressatengruppen wie Jugendliche). Sie bieten weitere Detaileinblicke und Handlungsansätze.

HINWEIS:
Alle Veröffentlichungen zum Freiwilligensurvey finden Sie auf den Seiten des BMFSFJ unter www.bmfsfj.de sowie auf den Seiten des Deutschen Zentrums für Altersfragen (DZA) unter www.dza.de/forschung/fws.html.

1.3.2 Der Blick auf die Organisationen: Der ZiviZ-Survey

Der ZiviZ-Survey (Zivilgesellschaft in Zahlen) (vgl. Krimmer; Priemer, 2013) ist die umfassendste Datenerhebung zur organisierten Zivilgesellschaft in Deutschland. Er wurde erstmals im Jahr 2012 durchgeführt und 2016 wiederholt. Der Survey ist ein gemeinsames Projekt des Stifterverbandes für die Deutsche Wissenschaft, der Bertelsmann Stiftung und der Fritz Thyssen Stiftung für Wissenschaftsförderung. ZiviZ ist eine Organisationenbefragung und in vielen Bereichen spiegelbildlich zum Freiwilligensurvey als Personenbefragung angelegt.

Ein besonderes Verdienst des ZiviZ-Surveys liegt zunächst in seiner gründlichen Bestandserhebung in der Zivilgesellschaft. Dabei konnten allerdings nur Organisationen mit eigener Rechtsform in die Analyse einbezogen werden. Die ebenfalls zur Zivilgesellschaft gehörenden Projekte und Initiativen ohne Rechtsform konnten aus methodischen Gründen nicht erfasst werden. Der Survey beschreibt also nicht die Zivilgesellschaft in Gänze, sondern liefert fundierte Daten und Erkenntnisse zum Dritten Sektor (vgl. Kapitel 1.2).

In Deutschland existieren insgesamt über 600.000 zivilgesellschaftliche Organisationen. Und dieser Sektor wächst. Vor 20 Jahren waren es noch rund 50.000 Organisationen weniger (vgl. Krimmer; Priemer, 2013; Priemer et al., 2017).

Tab. 1.2: Der Dritte Sektor in absoluten Zahlen (Stand 2017, nur gemeinnützig anerkannte Organisationen)

Vereine	603.886
Stiftungen	17.274
gGmbHs	11.440
Genossenschaften	1.322
Gesamt	633.922

Der weitaus größte Teil der zivilgesellschaftlichen Organisationen ist in Vereinsform organisiert. Die Anzahl der Vereine ist von 580.294 im Jahr 2012 auf 603.886 im Jahr 2017 noch einmal erheblich gestiegen. Dabei bestehen große regionale Unterschiede in der Vereinsdichte. Während etwa im Saarland auf 1.000 Einwohner zehn Vereine kommen, sind es in Hamburg lediglich fünf (vgl. Krimmer; Priemer, 2013, S. 19.).

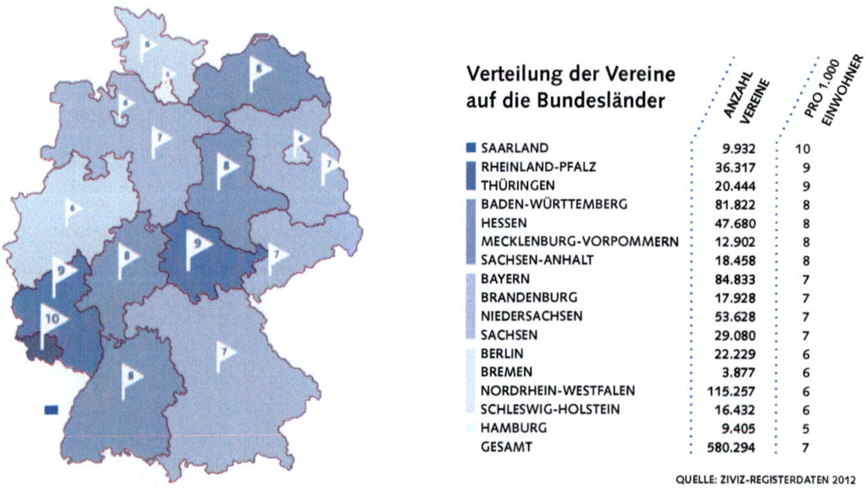

Abb. 1.2: Vereinsdichte (vgl. Krimmer; Priemer, 2013, S. 20)

Der Dritte Sektor hat enorme ökonomische Relevanz. Jeder zehnte sozialversicherungspflichtig(e) Beschäftigte ist inzwischen in einer Dritt-Sektor-Organisation tätig. Mit 89 Milliarden Euro hat der Dritte Sektor einen Anteil von 4,2 % an der Bruttowertschöpfung in Deutschland (vgl. Statistisches Bundesamt 2011; Krimmer; Priemer, 2011).

Aus der Gesamtheit der zivilgesellschaftlichen Organisationen wurde für den ZiviZ-Survey eine repräsentative Stichprobe gezogen und zur Bestandsituation, zu Entwicklungen und Herausforderungen wie auch zum Thema bürgerschaftliches Engagement befragt. Demnach bestimmen Sport-, Freizeit- und Geselligkeitsvereine sowie Kultur- und Bildungsorganisationen die Landschaft. Über die Hälfte aller zivilgesellschaftlichen Organisationen ist in diesen Feldern tätig.

Charakter und Selbstverständnis der Organisationen haben sich in den vergangenen Jahrzehnten gewandelt. Ältere Organisationen verstehen sich stärker als Mitgliederorganisationen oder Gemeinschaften Gleichgesinnter und sind überwiegend lokal aktiv. Jüngere Organisationen dagegen sind häufiger als Netzwerke organisiert, verstehen sich als Impulsgeber für sozialen Wandel, als Selbsthilfe- oder auch Förderorganisationen (vgl. Krimmer; Priemer, 2013, S. 33).

Freiwilliges und ehrenamtliches Engagement ist für den Dritten Sektor von existenzieller Bedeutung. Drei Viertel aller Organisationen (78 %) werden ausschließlich von freiwilligem Engagement getragen. Dagegen arbeiten nur 3 % allein mit hauptamtlichem Personal. In 19 % der Organisationen gibt es hybride Personalstrukturen; hier sind haupt- und ehrenamtlich Tätige im Einsatz (vgl. Krimmer; Priemer, 2013, S. 38).

Nicht nur nach dem Freiwilligensurvey können wir von einem insgesamt gestiegenen bürgerschaftlichen Engagement ausgehen. Auch die Organisationen berichten von tendenziell steigenden Mitglieder- und Engagiertenzahlen: Ein gutes Drittel verzeichnet einen Zuwachs an Mitgliedern. Nur ein knappes Viertel berichtet von einem Rückgang. Dabei sind die größten Zuwächse in den sozialstaatnahen Bereichen (Bildung und Erziehung, Gesundheitswesen, soziale Dienste) zu verzeichnen (vgl. Krimmer; Priemer, 2013, S. 42).

Generell kann man daher auch aus der Perspektive der Organisationen nicht von einer Ehrenamtskrise sprechen, auch wenn der ZiviZ-Survey auf ein zunehmendes Problem aufmerksam macht, das viele Organisationen vor erhebliche Herausforderungen stellt. Trotz einer insgesamt hohen Engagementbereitschaft fällt es vielen Organisationen zunehmend schwer, Engagierte für Führungs- und Leitungsaufgaben (z. B. Vorstandsfunktionen im Verein) zu gewinnen (vgl. Krimmer; Priemer, 2013, S. 45).

Zivilgesellschaftliche Organisationen stehen daher vor der Aufgabe, neue Strategien der Engagementförderung für sich zu entwickeln. Hierfür benötigen sie interne Zuständigkeiten und Strukturen für die Gewinnung, Begleitung und Koordinierung freiwillig Engagierter. Bislang verfügen lediglich 15 % der Organisationen über (haupt- oder ehrenamtliche) Freiwilligenkoordinatoren oder sogenannte Volunteer Manager. In den Organisationen mit hybrider Personalstruktur liegt der Anteil inzwischen bei 30 %. Hier beginnt sich ein neues berufliches Tätigkeitsfeld innerhalb der Sozialwirtschaft zu entwickeln (vgl. Kapitel 4).

Für den ZiviZ-Survey liegen inzwischen mehrere vertiefende Sonderauswertungen vor (z. B. für den Bildungsbereich, zur Frage der Finanzierung von Dritt-Sektor-Organisationen oder auch zu einzelnen Bundesländern).

HINWEIS:

Alle Studien und Veröffentlichungen zu „Zivilgesellschaft in Zahlen" finden Sie unter http://ziviz.info.

Zusammenfassung

Bürgerschaftliches Engagement in seiner heutigen Vielfalt entspringt unterschiedlichen Traditionslinien und lässt sich insbesondere auf die kommunale Selbstverwaltung, das Vereinswesen, die wohlfahrtsverbandliche Entwicklung, die Stiftungsidee sowie soziale Bewegungen zurückführen. Der gesellschaftliche Diskurs zur Zivilgesellschaft ist von Begriffen geprägt, die häufig synonym verwendet werden und für die es keine allgemein gültigen und akzeptierten Definitionen gibt. Bürgerschaftliches Engagement wird dabei meist als Sammelbegriff für unterschiedliche Formen freiwilligen Engagements verwendet. Der Begriff nimmt normativ Bezug auf die gesellschaftliche Vision einer aktiven Bürgergesellschaft und lässt sich als prägender Handlungsmodus der Zivilgesellschaft verstehen. Die Zivilgesellschaft wird vorwiegend als reale gesellschaftliche Sphäre verstanden, in der gemeinnützige und gemeinwohlorientierte Organisationen und Gruppen tätig sind.

Bürgerschaftliches Engagement ist im Aufwind. Sowohl der Freiwilligensurvey als auch die Organisationsstudie ZiviZ weisen auf ein zunehmendes Engagement und eine wachsende Engagementbereitschaft hin. Allerdings bestehen in der Organisationslandschaft erhebliche Herausforderungen zur Aktivierung und Integration freiwillig Engagierter. Letztere formulieren klare Erwartungen an Staat und Zivilgesellschaft, die Grundlage für passgenaue Strategien der Engagementförderung sein sollten. Die Entwicklung und Umsetzung dieser Strategien ist mit der Herausbildung neuer Aufgaben- und Berufsfelder in der Sozialen Arbeit verbunden, die für eine stärkere Kooperation, Vernetzung und ein modernes Management in sozialen Einrichtungen stehen.

Aufgaben zur Selbstüberprüfung

AUFGABE 1.1:

Sie haben erfahren, dass in der Debatte um das bürgerschaftliche Engagement viele komplexe Begriffe eine Rolle spielen, die nicht immer trennscharf verwendet werden. Dennoch gibt es einen weitgehenden Konsens über qualitative Kriterien, die bürgerschaftliches Engagement kennzeichnen. Beschreiben Sie diese Merkmale und erläutern Sie sie anhand von Beispielen.

AUFGABE 1.2:

Empirische Studien zur Zivilgesellschaft und zum bürgerschaftlichen Engagement dienen nicht nur der Beschreibung dieser besonderen gesellschaftlichen Sphäre, sie liefern auch wichtige Anhaltspunkte für die Entwicklung von Förderstrategien.

a) Welche Unterstützung erwarten freiwillig Engagierte von den Organisationen, in denen sie tätig sind? Nutzen Sie hierfür die Daten des Freiwilligensurveys. Überlegen Sie, wie Organisationen hiermit umgehen können und nennen Sie Beispiele.

b) In welchen Bereichen bereitet es zivilgesellschaftlichen Organisationen derzeit die größten Probleme, freiwillig Engagierte zu finden und an sich zu binden? Nutzen Sie hierfür die Studie „Zivilgesellschaft in Zahlen". Wie können Organisationen auf diese Herausforderung reagieren? Nennen Sie Beispiele.

2 Formen und Felder Bürgerschaftlichen Engagements

Nachdem Sie sich mit den theoretischen Grundlagen des Diskurses über die Zivilgesellschaft auseinandergesetzt haben, werden wir im Folgenden einen genaueren Blick auf unterschiedliche Erscheinungsformen und wichtige Handlungsfelder bürgerschaftlichen Engagements richten. Nach dem Studium dieses Kapitels kennen Sie nicht nur die Unterschiede zwischen den verschiedenen Engagementformen, sondern wissen auch um ihre Relevanz für die Soziale Arbeit.

2.1 Formen

Bürgerschaftliches Engagement wird, wie in Kapitel 1.2 dargestellt, unter Bezugnahme auf das Konzept der Bürgergesellschaft als Sammel- oder Oberbegriff für unterschiedliche Formen von freiwilligen, nicht auf materiellen Gewinn ausgerichteten, gemeinwohlorientierten Tätigkeiten gebraucht (vgl. Enquete-Kommission 2002, S. 86 ff.). Insofern handelt es sich also um ein weitgespanntes Begriffskonzept. In diesem Sinne bildet der Begriff auch die Überschrift für das gesamte folgende Kapitel zu den Formen bürgerschaftlichen Engagements.

2.1.1 Bürgerschaftliches Engagement

Neben der Verwendung als Dachbegriff gibt es jedoch auch eine engere Bedeutungszuschreibung bürgerschaftlichen Engagements. Hierbei steht das Adjektiv „bürgerschaftlich" als normatives Qualitätsmerkmal im Mittelpunkt:

DEFINITION 2.1:

Menschen übernehmen mit ihrem bürgerschaftlichen Engagement Verantwortung in ihrer Rolle als Staatsbürger und engagieren sich für ein bestimmtes politisches Gemeinwesen, z. B. auf lokaler, regionaler, nationaler oder europäischer Ebene (vgl. Olk; Hartnuß, 2011, S. 157).

BEISPIEL 2.1:

In diesem Sinne sind die Mitwirkung in Parteien oder Gewerkschaften, die Ausübung eines Mandats im Stadtrat, die Arbeit als ehrenamtlicher Bürgermeister einer Gemeinde, aber auch das Engagement in einer örtlichen Bürgerinitiative gegen den Bau einer Umgehungsstraße unterschiedliche Ausprägungen eines politisch verstandenen bürgerschaftlichen Engagements.

Die Aufmerksamkeit wird damit also eng auf die Sphäre des Politischen und damit auf das besondere Verhältnis von Bürger und Staat gelenkt. Das Ideal des politischen Aktivbürgers steht im Mittelpunkt (vgl. Münkler; Krause, 2001, S. 312). Es geht vorrangig um (politische) Teilhabe und Demokratisierung, wohingegen der Aspekt der Erbringung von Leistungen zur Wohlfahrtsproduktion in den Hintergrund rückt (vgl. Priller, 2011, S. 35).

ÜBUNG 2.1:

Beschreiben Sie Beispiele aus Ihrem persönlichen Lebensumfeld, wie Menschen sich in diesem politischen Sinne bürgerschaftlich engagieren.

Dieses qualitativ anspruchsvolle Verständnis bedingt, dass andere Formen bürgerschaftlichen Engagements, die nicht unmittelbar auf das politische Gemeinwesen gerichtet sind, außer Acht bleiben. Aus diesem Grunde ist die beschriebene enge Begriffsverwendung nicht unproblematisch. Denn selbstverständlich haben auch andere Formen freiwilligen Engagements, die nicht explizit politisch ausgerichtet sind, Auswirkungen und Bedeutung für das politische Gemeinwesen. So können mit gutem Recht auch die ehrenamtliche Organisation eines Straßenfestes, das Engagement in einem Schulförderverein oder die Mitwirkung in einem Mehrgenerationenhaus als bürgerschaftliches Engagement gelten. Schließlich tragen sie zur Stärkung des sozialen Kapitals (vgl. Kapitel 1.2.1) der Gesellschaft bei, leisten wichtige Beiträge zur Erzeugung und Vermehrung öffentlicher Güter und bereichern auf diese Weise das Gemeinwesen (vgl. Olk; Hartnuß, 2011, S. 158).

2.1.2 Ehrenamt

Ehrenamt oder ehrenamtliches Engagement beschreibt einen Teilbereich des (als Sammelbegriff verstandenen) bürgerschaftlichen Engagements:

DEFINITION 2.2:

Mit **Ehrenamt** verbinden sich üblicherweise traditionelle und historisch gewachsene Formen freiwilliger gemeinwohlorientierter Tätigkeiten. Sie finden i. d. R. im Rahmen strukturierter Organisationen wie Kirchengemeinden, sozialen Organisationen, Wohlfahrts- und Jugendverbänden, Sport- und Kulturvereinen oder staatlichen Einrichtungen und Organen statt (vgl. Beher et al., 2008, S. 49; Stricker, 2011, S. 163).

Ehrenamtliches Engagement findet sich dabei auch heute noch in drei unterschiedlichen Formen (vgl. Stricker, 2011): soziales Engagement, Übernahme von Gremienfunktionen und Wahrnehmung öffentlicher Aufgaben, Funktionen und Wahlämter.

Das Ehrenamt steht einerseits für **soziales Engagement** und aktive Hilfe in der Betreuung, Unterstützung und Anleitung von Menschen (vgl. Stricker, 2011).

BEISPIEL 2.2:

Die Essensausgabe bei einer Tafel, die Begleitung junger Menschen als Lernpaten, das Engagement in einer Vorleseinitiative oder Unterstützungsangebote in der ambulanten Pflege sind Beispiele für soziales Ehrenamt. Aber auch der Übungsleiter und der Trainer in einem Sportverein stehen für ehrenamtliches Engagement, bei dem es um die unmittelbare Begegnung und Arbeit mit Menschen geht.

Andererseits wird mit Ehrenamt die **Übernahme von Funktionen in Gremien** von Vereinen, Verbänden, Stiftungen und anderen gemeinnützigen Organisationen bezeichnet (vgl. Stricker, 2011).

BEISPIEL 2.3:

Diese Form von Ehrenamt findet sich vor allem in der Vorstandsarbeit von Vereinen: der Vorsitzende eines Sportvereins, sein Stellvertreter, der Kassenwart, der Schriftführer etc. Es handelt sich dabei i. d. R. um Wahlämter.

Nicht zuletzt steht das ehrenamtliche Engagement auch für die **Wahrnehmung öffentlicher Aufgaben, Funktionen und Wahlämter** (vgl. Stricker, 2011).

BEISPIEL 2.4:

Öffentliche Ehrenämter sind etwa die (gewählte) Mitgliedschaft in einem Ortsbeirat oder Stadtrat, der ehrenamtliche Bürgermeister einer Gemeinde oder die Beauftragung für eine bestimmte Aufgabe durch die Kommune (z. B. Beauftragter für Kultur und Brauchtumspflege). Aber auch die Tätigkeit als Wahlhelfer oder als Schöffe ist hier zu nennen.

Das Ehrenamt ist – mit Ausnahme öffentlicher Wahlämter – i. d. R. mit einer formalen Zugehörigkeit zu einer Gruppe oder Organisation (Mitgliedschaft) verbunden (z. B. bei einem Verein oder einem Wohlfahrtsverband). Es werden personenbezogene Aufgaben (bspw. in der Pflege oder in der Jugendarbeit) sowie sachbezogene Aufgaben (bspw. in einem Vereinsvorstand) übernommen. Das Ehrenamt überschreitet regelmäßig den sozialen Nahraum der Familie und steht damit für die Hilfe und das Engagement für andere. Es wird sowohl mit legitimierter Funktion (z. B. Vereinsvorsitzender) als auch ohne (z. B. Rettungssanitäter beim Deutschen Roten Kreuz) ausgeübt. Ehrenamt kann sowohl mit bestimmter Qualifikation (z. B. in der Telefonseelsorge) als auch ohne (z. B. haushaltsnahe Unterstützung bei der Pflege) erbracht werden (vgl. Stricker 2011, S. 164).

Ehrenamtliches Engagement wird in der Praxis mit einer bestimmten Dauer (häufig über mehrere Jahre), einem bestimmten Umfang (meist mehrere Stunden pro Woche) sowie einem hohen Grad an Verbindlichkeit verknüpft.

In den vergangenen Jahrzehnten haben sich in und außerhalb traditioneller Organisationen neue Formen von ehrenamtlichem Engagement herausgebildet, die auf veränderte gesellschaftliche und biografische Bedingungen reagieren. So finden sich vermehrt Engagementformen, die zeitlich befristet sind, sich auf ein konkretes Projekt und seine Umsetzung konzentrieren und auf eine dauerhafte Bindung an eine Organisation verzichten. Wünsche und Interesse der Engagierten gewinnen dabei gegenüber denen der Organisation an Gewicht. Diese Veränderungen werden auch als „Strukturwandel des Ehrenamtes" (Beher et al., 2000) beschrieben. Zu Beginn des neuen Jahrtausends wurde daher eine Debatte über das sogenannte „neue Ehrenamt", häufig in Konkurrenz zum alten, traditionellen Ehrenamt, geführt. Diese nicht sehr fruchtbare Auseinandersetzung hat ebenfalls dazu beigetragen, mit dem Begriff des bürgerschaftlichen Engagements eine Klammer zu schaffen, die unterschiedliche Formen freiwilligen Tuns miteinander verbindet. Der Begriff des Ehrenamtes allerdings beschreibt diese neuen Formen gemeinwohlorientierter Tätigkeiten nur unzureichend, da hier ausdrücklich kein Amt übernommen wird. Ebenso wenig identifizieren sich diese Engagierten mit dem Attribut der Bürgerschaftlichkeit. Deshalb werden diese Tätigkeiten in der Praxis nicht selten als freiwilliges Engagement oder Freiwilligenarbeit bezeichnet (vgl. Olk; Hartnuß, 2011, S. 150).

ÜBUNG 2.2:

Versuchen Sie Beispiele aus Ihrem Familien-, Freundes- und Bekanntenkreis für die hier beschriebenen unterschiedlichen Formen ehrenamtlichen Engagements zu finden.

2.1.3 Selbsthilfe

Die Selbsthilfe ist eine besondere Form bürgerschaftlichen Engagements. Mit dem Begriff verbindet sich ein breites Spektrum unterschiedlicher Selbsthilfeaktivitäten.

DEFINITION 2.3:

Unter **Selbsthilfe** wird die Bewältigung von privaten Angelegenheiten, Aufgaben und Krisen verstanden. Im Mittelpunkt stehen nicht die öffentlichen, förmlich und kollektiv erbrachten Unterstützungsangebote, sondern die privat-individuellen Formen der Hilfeleistung. Dabei ist die Beteiligung weiterer Personen durchaus eingeschlossen. Im Kontext des bürgerschaftlichen Engagements meint Selbsthilfe also gemeinschaftliche Selbsthilfe in informellen sozialen Netzwerken (vgl. Grunow, 2011, S. 174).

Selbsthilfe hat in diesem Sinne vor allem im Gesundheitsbereich erhebliche Bedeutung und Verbreitung gefunden. Sie hat sich zu einer eigenständigen Säule des Gesundheitswesens und der Gesundheitspolitik entwickelt.

Organisatorisch zu unterscheiden sind Selbsthilfegruppen, Selbsthilfeorganisationen sowie Selbsthilfekontaktstellen (vgl. Matzat, 2010, S. 547 ff.).

DEFINITION 2.4:

„Selbsthilfegruppen sind freiwillige, meist lose Zusammenschlüsse von Menschen, deren Aktivitäten sich auf die gemeinsame Bewältigung von Krankheiten, psychischen oder sozialen Problemen richten, von denen sie - entweder selbst oder als Angehörige - betroffen sind." (Deutsche Arbeitsgemeinschaft Selbsthilfegruppen, 1987)

DEFINITION 2.5:

Selbsthilfeorganisationen sind Zusammenschlüsse von Selbsthilfegruppen und verfolgen ihre politische Interessenvertretung, z. B. in Gesetzgebungsverfahren der Sozial- und Gesundheitspolitik (vgl. Matzat, 2010, S. 547 ff.). Ihre wichtigsten Dachorganisationen sind die Bundesarbeitsgemeinschaft Selbsthilfe von Menschen mit Behinderung und chronischer Erkrankung und ihren Angehörigen (BAG Selbsthilfe) sowie der Deutsche Paritätische Wohlfahrtsverband (DPWV).

DEFINITION 2.6:

Selbsthilfekontaktstellen sind lokale Infrastrukturen der Selbsthilfeförderung (vgl. Matzat, 2010, S. 547 ff.). Sie sind professionelle Beratungseinrichtungen mit hauptamtlichem Personal, die örtlich oder regional arbeiten. Mit ihren Angeboten unterstützen sie vorhandene Selbsthilfeaktivitäten. Sie informieren, beraten, vernetzen und fördern Selbsthilfegruppen und ihre Arbeit (vgl. Kapitel 3.2).

2.1.4 Freiwilligendienste

Eine besondere Form bürgerschaftlichen Engagements sind die Freiwilligendienste. Sie haben eine eigene Organisationsstruktur und sind durch vertragliche Regelungen gerahmt.

DEFINITION 2.7:

„Im Unterschied zu anderen Formen bürgerschaftlicher Tätigkeiten sind Dauer, Aufgaben und Zielsetzungen sowie Einsatzstellen und Trägerstrukturen verbindlich geregelt und werden in vertraglichen Vereinbarungen zwischen den Trägerorganisationen und den Teilnehmerinnen und Teilnehmern ausformuliert." (Jakob, 2011, S. 186)

Die beiden klassischen gesetzlich geregelten Freiwilligendienste sind das Freiwillige Soziale Jahr (FSJ) und das Freiwillige Ökologische Jahr (FÖJ). Es sind Vollzeitdienste, die von Jugendlichen und jungen Erwachsenen nach der Schule bis zum 27. Lebensjahr im In- oder Ausland für i. d. R. ein bis max. zwei Jahre geleistet werden können. Die entsprechenden Gesetze sehen hierfür verbindlich die Versorgung mit Taschengeld, Unterkunft, Verpflegung sowie Versicherungsschutz vor. Die Jugendfreiwilligendienste verbinden Bildungsmöglichkeiten (persönlich, sozial, beruflich) und biografische Orientierung mit der Übernahme sozialer Verantwortung. Jugendliche übernehmen verantwortliche Tätigkeiten. Das erworbene Wissen wird in der obligatorischen pädagogischen Begleitung reflektiert (vgl. Jakob, 2011, S. 186).

Neben den gesetzlich geregelten Diensten werden weitere, lokal und regional begrenzte Freiwilligendienste von Stiftungen, Kirchen und Bundesländern angeboten, die sich an den Vorgaben von FSJ und FÖJ orientieren (vgl. Jakob, 2011, S. 188).

Darüber hinaus gibt es internationale Freiwilligen- und Friedensdienste (wie bspw. Workcamps, Friedens- und Jugendgemeinschaftsdienste oder der Europäische Freiwilligendienst), die von verschiedenen freien Trägern angeboten werden. Diese überschaubare Zahl von Freiwilligendiensten konnte die zunehmend hohe Nachfrage nicht dauerhaft decken. Mit dem entwicklungspolitischen Freiwilligendienst „weltwärts" und dem auf internationale Kulturarbeit ausgerichteten Programm „kulturweit" hat die Bundesregierung die internationalen Dienste daher deutlich ausgeweitet (vgl. Jakob, 2011, S. 190 f.).

HINWEIS:

Die traditionellen Freiwilligendienste wie insbesondere das FSJ und das FÖJ werden dezentral von den jeweiligen Trägerorganisationen verantwortet und koordiniert. Daher gibt es in der Praxis auch eine Vielzahl von Internetpräsenzen, die von den einzelnen Trägern betrieben werden. Die Träger von FSJ und FÖJ haben sich in Bundesarbeitskreisen zusammengeschlossen und bieten gemeinsame Informationsportale unter https://pro-fsj.de und https://foej.de an.
Auf Länderebene gibt es zudem Portale, die die verschiedenen Angebote bündeln und damit die Suche nach Trägern und Einsatzstellen erleichtern (z. B. auf den Seiten des FSJ Rheinland-Pfalz).
Die Vergabe der Dienstplätze sowie die inhaltliche Ausgestaltung erfolgen (auf Basis der gesetzlichen Regelungen) aber von den einzelnen Trägern.
Die vom Bund verantworteten Dienste haben bundesweit zentrale Internetportale, die einfach mit den oben genannten Programmnamen gefunden werden können.

Freiwilligendienste haben seit der Jahrtausendwende eine erhebliche Ausweitung erlebt. So wurden neue Einsatzfelder für FSJ und FÖJ erschlossen: Neben klassischen sozialen Feldern ist ein FSJ nun auch in Kultur, Schule und Politik und ein FÖJ im Ausland möglich. Die Dienste wurden dabei auch für andere Altersgruppen geöffnet und zeitlich flexibilisiert. Der „Freiwilligendienst aller Generationen" bietet auch älteren Engagierten einen geregelten Dienst im Umfang von mindestens acht Wochenstunden und einer Dauer von mindestens sechs Monaten (vgl. Jakob, 2011, S. 186.).

Die weitreichendste Änderung hat sich im Feld der Freiwilligendienste mit der Aussetzung der Wehrpflicht und der damit einhergehenden Einführung des Bundesfreiwilligendienstes (BFD) ergeben. Im Jahr 2011 als Nachfolger des Zivildienstes eingeführt, wurde der BFD mit erheblichen Mitteln durch den Bund gefördert und hat inzwischen eine große Akzeptanz gefunden. Er bietet für unterschiedliche Altersgruppen zeitlich flexible Dienste in diversen Aufgaben- und Tätigkeitsfeldern. Im Unterschied zu FSJ und FÖJ wird der BFD vom Bund organisiert und gesteuert. Die Ausübung des Dienstes erfolgt zwar weiterhin in den jeweiligen Einsatzstellen der Träger. Die Vergabe der Dienstplätze sowie die gesamte Rahmung und Koordinierung sind jedoch bundeszentral über das Bundesamt für Familie und zivilgesellschaftliche Aufgaben (BaFzA), das ehemalige Bundesamt für den Zivildienst, gesteuert. Die Trägerorganisationen spielen damit im BFD eine deutlich geringere Rolle als in den traditionellen Diensten, weshalb in der Fachöffentlichkeit die Kritik geäußert wird, dass es zu einer zunehmenden Verstaatlichung von Freiwilligendiensten durch den BFD komme (vgl. Jakob, 2011, S. 197 f.).

ÜBUNG 2.3:

Recherchieren Sie, wie viele Menschen aktuell ein FSJ, ein FÖJ und einen BFD absolvieren. Wo liegen die Unterschiede zwischen den Jugendfreiwilligendiensten und dem BFD?

2.1.5 Bürgerbeteiligung

Im Kontext der Förderung bürgerschaftlichen Engagements werden auch Formen und Ansätze der (politischen) Bürgerbeteiligung thematisiert. Auch wenn diese nicht im Mittelpunkt dieses Studienbuchs stehen, sollen sie der Vollständigkeit halber im Folgenden kurz beleuchtet werden.

DEFINITION 2.8:

„Unter Bürgerbeteiligung versteht man die politische Mitwirkung von Bürgerinnen und Bürgern an Entscheidungen des Staates auf lokaler, regionaler, nationaler oder auch supranationaler Ebene außerhalb der Wahl von Parlamenten. Es geht also um Formen der direkten und deliberativen Demokratie." (Dienel, 2011, S. 203)

Bei der Bürgerbeteiligung steht also die Einflussnahme der Bürger auf das politische System im engeren Sinne im Mittelpunkt des Engagements. Dabei kommen formelle, rechtlich verankerte direktdemokratische Verfahren zum Einsatz (vgl. Dienel, 2011, S. 204). Hierzu gehören in Deutschland auf der Landesebene die Verfahren des Volksbegehrens und des Volksentscheids sowie auf kommunaler Ebene die Verfahren des Bürgerbegehrens und des Bürgerentscheids. Rechtlich verankert sind sie in den Landesverfassungen sowie den Gemeinde- und Landkreisordnungen der Länder.

ÜBUNG 2.4:

Welche rechtlichen Regelungen für eine direktdemokratische Beteiligung der Bürger gelten in dem Bundesland, in dem Sie wohnen?

Davon zu unterscheiden sind sogenannte informelle Verfahren. Sie haben deliberativen, also beratenden Charakter. Sie sind gesetzlich nicht verankert, spielen aber in der Praxis vor allem auf kommunaler Ebene eine weitaus größere Rolle als die direktdemokratischen Beteiligungsformen. Inzwischen gibt es eine breite Palette an unterschiedlichsten Verfahren, wie bspw. Zukunftswerkstätten, Planungszellen, Mediation, Bürgerkonferenzen, Open Space, Bürgerpanel und Bürgerausstellungen. Sie können dazu beitragen, bereits in der Planung von Vorhaben die Expertise von Bürgern in die Entscheidungsfindung einzubeziehen und damit im Vorfeld möglicher Konflikte tragfähige Kompromisse auszuhandeln (vgl. Dienel, 2011, S. 207 ff.).

2.1.6 Corporate Citizenship

Auch das gesellschaftliche Engagement von Unternehmen wird in der Debatte um die Bürgergesellschaft als eine wichtige Form bürgerschaftlichen Engagements behandelt. Es soll daher ebenfalls kurz angerissen werden.

In dieser Debatte gilt es, zwei Begriffe zu kennen und voneinander zu unterscheiden: *Corporate Social Responsibility* (CSR) und *Corporate Citizenship* (vgl. Backhaus-Maul; Friedrich, 2011, S. 217).

Corporate Social Responsibility beschreibt im Kern

> „die gesetzlich geregelte Verantwortung von Unternehmen, die einerseits im politischen Entscheidungsprozess unter maßgeblicher Beteiligung von Unternehmensverbänden und Gewerkschaften ausgehandelt und andererseits im wirtschaftlichen Kerngeschäft von Unternehmen implementiert wird" (Backhaus-Maul; Friedrich, 2011, S. 217).

Hierbei geht es vor allem um die Verständigung über Sozial- und Umweltstandards und ihre Einhaltung in der Wertschöpfungskette von Unternehmen. CSR ist daher eng mit dem Diskurs über die Nachhaltigkeit (ökonomisch, ökologisch, sozial) von Unternehmen verbunden. Ein nachhaltiges Wirtschaften, wie es viele Unternehmen anstreben, reicht in diesem Sinne häufig über die gesetzlich geregelten Mindeststandards hinaus.

DEFINITION 2.9:

Corporate Citizenship meint dagegen das freiwillige gesellschaftliche Engagement von Unternehmen, das über den politisch normierten und gesetzlich geregelten Rahmen hinausgeht (vgl. Backhaus-Maul; Friedrich, 2011, S. 217). Unternehmen engagieren sich als Teil der Gesellschaft, als *„good corporate citizen"* (Unternehmensbürger). Diese Facette von Unternehmensengagement ist vorrangig gemeint, wenn über bürgerschaftliches Engagement gesprochen wird.

Bei Corporate Citizenship haben Unternehmen traditionell vielfältige gesellschaftliche Aktivitäten entwickelt, die auf die Bereiche Soziales, Kultur und Sport ausgerichtet sind. Inzwischen finden sich jedoch auch viele Bemühungen zur Unterstützung des Bildungs- und Erziehungssystems. Zu unterscheiden sind insbesondere Geld- und Sachspenden (*Corporate Giving*), Stiftungsaktivitäten (*Corporate Foundations*) sowie Ansätze zur Unterstützung des Engagements von Mitarbeitern (*Corporate Volunteering*) (vgl. Backhaus-Maul; Friedrich, 2011, S. 218 ff.).

Für die Sozial- und Gesundheitswirtschaft ist dieses Thema von zunehmender Relevanz. Im Kontext von Corporate Citizenship können nämlich neue Formen von Kooperationen und Partnerschaften zwischen Unternehmen und gemeinnützigen Organisationen und Einrichtungen entstehen, von denen beide Seiten profitieren und die bislang noch ungenutzte Potenziale zur Gestaltung sozialer Aufgaben erschließen.

2.2 Ausgewählte Handlungsfelder der Sozialen Arbeit

Bürgerschaftliches Engagement findet in all seinen verschiedenen Formen in nahezu allen Gesellschaftsbereichen statt. In der Sozialen Arbeit spielt es eine ganz besondere Rolle.

Allerdings ist darauf hinzuweisen, dass die Bedeutung und der Stellenwert von Ehrenamt und Bürgerengagement in den verschiedenen sozialen Handlungsfeldern höchst unterschiedlich sind. So ist das Ehrenamt für die Kinder- und Jugendarbeit konstitutiv. Es steht im Mittelpunkt, ist Ziel und Praxis zugleich. Das Ehrenamt ist die tragende Säule der Kinder- und Jugendarbeit (vgl. Kapitel 2.2.1).

Andere Felder der Sozialen Arbeit (bspw. Jugendsozialarbeit, Familienhilfe, Stadt- und Dorfentwicklung, Wohnungslosenhilfe, aber auch Gesundheit und Pflege) sind dagegen von hauptamtlicher, professioneller Arbeit geprägt. Das Ehrenamt ergänzt, bereichert, unterstützt und entlastet in der Erbringung sozialer Dienstleistungen. Und auch in diesen Feldern gibt es unterschiedliche Entwicklungen und Geschwindigkeiten bei der Einbindung bürgerschaftlichen Engagements. Das Ehrenamt gewinnt hier zwar zunehmend an Bedeutung, ist jedoch längst noch nicht etabliert.

THEORIE-EXKURS:

Grundsätzlich ist festzuhalten, dass es bislang keine allgemein anerkannte und tragfähige theoretische Grundlegung für das Verhältnis von Sozialer Arbeit und bürgerschaftlichem Engagement gibt. So verweist etwa das Konzept der Lebensweltorientierung (Thiersch, 1992) auf sinnvolle und naheliegende Anknüpfungspunkte zu dem vor allem in sozialen Nahräumen stattfindenden Ehrenamt. Es betont zuallererst die Notwendigkeit der konsequenten Orientierung an den Adressaten Sozialer Arbeit mit ihren spezifischen Selbstdeutungen und individuellen Handlungsmustern in gegebenen gesellschaftlichen Bedingungen. In der Übertragung dieses für die Soziale Arbeit zentralen Konzepts auf Handlungsstrategien wird allerdings kein systematischer Bezug auf bürgergesellschaftliche Perspektiven und das Ehrenamt hergestellt.

Der (allerdings wenig rezipierte) Ansatz der Kommunalpädagogik (Richter, 2001) zielt auf eine Weiterentwicklung und konzeptionelle Neufassung der klassischen Gemeinwesenorientierung. Subjektorientierung der Adressaten und verstärkte Koproduktion bei der Erbringung sozialer Dienstleistungen, der Gestaltung von Bildungsprozessen und Interkulturalität in der Kommune gewinnen darin an Bedeutung. Trotz des kommunalen Fokus sind auch hier Bürgergesellschaft und Ehrenamt keine zentralen Kategorien. Allerdings wird die „Vereinspädagogik" (Richter, 2001) bereits als blinder Fleck in der Erziehungswissenschaft benannt.

Weitere pädagogische Konzeptionen und Paradigmen bieten gute Ansatzpunkte zur theoretischen Verhältnisbestimmung von Sozialer Arbeit und bürgerschaftlichem Engagement, rücken diese bislang aber ebenfalls nicht in den Mittelpunkt ihrer Bemühungen. So agiert die seit über einem Jahrzehnt erstarkende Demokratiepädagogik in Überschneidungsbereichen zwischen bürgerschaftlichem Engagement und Sozialer Arbeit. Im Ansatz der *Civic Education* (vgl. Kapitel 4.1) werden notwendige Kooperationen und Vernetzungen betont, um junge Menschen frühzeitig an Beteiligung und Engagement heranzuführen. In der Debatte um kommunale, lokale bzw. auch regionale Bildungslandschaften (vgl. u. a. den 15. Kinder- und Jugendbericht der Bundesregierung, BMFSFJ, 2017) gewinnt das bürgerschaftliche Engagement ebenfalls seit Jahren an Relevanz. Gerahmt von einem modernen Bildungsverständnis geht es um die Gestaltung von vernetzten Landschaften der Bildung, in denen formelle, nonformale und informelle Bildungsinstitutionen und -akteure vor Ort eng zusammenarbeiten, um jungen Menschen optimale Lern- und Entwicklungsmöglichkeiten zu bieten. Soziale Arbeit, Jugendarbeit und ehrenamtliches Engagement erfahren in diesem Diskurs eine enorme Bedeutungsaufwertung.

Aus demokratietheoretischer Perspektive gibt es inzwischen erste systematische Ansätze zur Bestimmung des Verhältnisses von Sozialer Arbeit und Demokratie. Der 2013 von Geisen, Kessl, Olk und Schnurr herausgegebene Sammelband „Soziale Arbeit und Demokratie" enthält weitreichende Analysen der Profession Soziale Arbeit, ihrer Funktionsbestimmung sowie ihres Verhältnisses zur Sozialpolitik (vgl. Geisen et al., 2013). Diese demokratietheoretischen Betrachtungen münden in eine Analyse unterschiedlicher Handlungsfelder und in der Konsequenz, dass Partizipation und Beteiligung nicht nur konstitutiv für die Soziale Arbeit sind, sondern dass sie damit auch entscheidend zum Erhalt und zur Weiterentwicklung der Demokratie beitragen.

Insgesamt bleibt dennoch festzuhalten, dass im Verhältnis von Sozialer Arbeit und bürgerschaftlichem Engagement – trotz konzeptioneller Ansätze und Bezüge sowie einer vielfältig entwickelten Praxis – nach wie vor ein erhebliches Theoriedefizit besteht.

Im Bereich der Sozialen Arbeit gibt es eine lange Tradition ehrenamtlichen Engagements mit einem hohen Grad an Verbindlichkeit und Dauerhaftigkeit, aber es gibt auch vielfältige neuere Formen zeitlich befristeter, projektförmiger freiwilliger Tätigkeiten. In der Sozialen Arbeit werden nicht zuletzt auch zahlreiche Freiwilligendienste geleistet (vgl. Hamburger, 2011 sowie Kapitel 1.1 und Kapitel 2.1). Für die Jugendarbeit ist das Ehrenamt von jeher konstitutiv (vgl. Kapitel 2.2.1).

In kaum einem anderen Bereich werden freiwillige Tätigkeiten so stark als Ehrenamt verstanden wie in der Sozialen Arbeit. Nach dem Freiwilligensurvey von 2014 sind 8,5 % der Bürger in Deutschland allein im sozialen Bereich engagiert (vgl. Simonson; Tesch-Römer, 2016).

ÜBUNG 2.5:

Recherchieren Sie auf den Internetseiten der Wohlfahrtsverbände, wie viele Menschen sich ehrenamtlich in den jeweiligen Verbänden engagieren und in welchen Bereichen sie es tun.

1889 S. 256
207

Dabei lassen sich in der Sozialen Arbeit drei grundlegende Formen von freiwilligen Tätigkeiten unterscheiden: die direkte **Partizipation** und Mitarbeit in der inhaltlichen Sozialen Arbeit mit und für Menschen, den **Organisationsablauf unterstützende Tätigkeiten** sowie **Leitungs- und Repräsentationsaufgaben** (vgl. Santen, 1999, S. 27 ff.).

BEISPIEL 2.5:

Direkte Partizipation und Mitarbeit:

- Familien-, Lern- oder Bildungspaten für benachteiligte Kinder und Jugendliche
- Integrationslotsen für Flüchtlinge
- Engagement als Gruppenleiter in einem Jugendverband (z. B. Pfadfinder)

Organisationsabläufe unterstützende Tätigkeiten:

- Essensausgabe bei der Tafel
- ehrenamtliche Fahr- und Begleitdienste
- Organisation einer Initiative zur Nachbarschaftshilfe

Leitungs- und Repräsentationsaufgaben:

- Vorstandsmitglied in einem Ortsverein der Arbeiterwohlfahrt
- Mitgliedschaft im Jugendhilfeausschuss einer Kommune
- Vertretung eines Bürgervereins bei einem „Runden Tisch" oder einem lokalen Bündnis für Familie

ÜBUNG 2.6:

Welche Beispiele sozialen ehrenamtlichen Engagements fallen Ihnen in Ihrem Bekannten- und Freundeskreis ein? Nennen Sie jeweils zwei Beispiele für unmittelbare Mitwirkung in der Sozialen Arbeit, organisatorische Tätigkeiten und Leitungs- und Repräsentationsaufgaben.

In der Sozialen Arbeit gibt es – mit Ausnahme der Kinder- und Jugendarbeit – ein besonders ausgeprägtes Spannungsfeld zwischen ehrenamtlichen und hauptberuflichen Tätigkeiten. Einerseits werden durch bürgerschaftliche Initiativen immer wieder neue soziale Handlungsbedarfe aufgegriffen und Handlungsfelder erschlossen, die später professionalisiert und durch hauptberufliche Sozialarbeiter und Sozialpädagogen gestaltet werden. Insofern fungieren ehrenamtlich aktive Bürger häufig als Pioniere der Sozialen Arbeit und entwickeln neue Formen sozialer Unterstützung (vgl. Hamburger, 2011, S. 323 ff.).

Andererseits sind Ehrenamtliche aber auch weiterhin in etablierten Feldern der Sozialen Arbeit aktiv, entlasten, begleiten und bereichern die hauptamtlichen Hilfestrukturen. Hierbei gibt es nicht selten ein Konkurrenzverhältnis zwischen Haupt- und Ehrenamt. Auch wenn der häufig vorgebrachte Vorwurf der Verdrängung von Hauptamt durch Ehrenamt empirisch nicht nachweisbar ist (vgl. Hamburger, 2011, S. 324), so bleibt das Verhältnis dennoch spannungsreich, bedarf klarer Regelungen und einer Gestaltung innerhalb sozialer Organisationen und Einrichtungen (vgl. Kapitel 4).

Im Folgenden wollen wir einen genaueren Blick auf vier ausgewählte Handlungsfelder werfen, die für die Soziale Arbeit relevant sind: die Kinder- und Jugendarbeit, das Gesundheitswesen, die Altenhilfe und Altenpflege sowie die Arbeit mit behinderten Menschen.

2.2.1 Kinder- und Jugendarbeit

Die Kinder- und Jugendarbeit (häufig auch nur kurz: Jugendarbeit) unterscheidet sich erheblich von anderen Feldern der Sozialen Arbeit. Ehrenamtliches Engagement steht hier ganz im Mittelpunkt. Engagement ist Anliegen, Ziel und zumeist auch Basis der Jugendarbeit. Sie richtet sich schwerpunktmäßig an Heranwachsende im Schulalter. Dabei geht es um Freizeit, Erholung, aber in besonderer Weise auch um Bildung. Junge Menschen werden mit Gleichaltrigen gemeinsam aktiv. Dabei werden sie von Hauptamtlichen oder Ehrenamtlichen pädagogisch begleitet und unterstützt. Die Kinder- und Jugendarbeit ist häufig Einstiegsfeld für jugendliches Engagement (vgl. Düx et al., 2011, S. 332).

HINWEIS:

Zu unterscheiden sind hierbei grundlegend die offene Jugendarbeit sowie die verbandliche Jugendarbeit.

Die offene Jugendarbeit ist überwiegend hauptberuflich organisiert. In Einrichtungen wie bspw. Jugendhäusern, Jugendzentren oder Jugendtreffs werden Freizeit- und Beteiligungsangebote von Fachkräften der Jugendarbeit und Honorarkräften erbracht. Das Angebotsspektrum ist extrem bunt. Es reicht von Sport und Spiel über Kultur und Kunst bis hin zu Tanz und Musik u. v. m. Es richtet sich stark nach den Wünschen und Bedürfnissen der die Einrichtungen aufsuchenden Kinder und Jugendlichen.

Einrichtungen der offenen Jugendarbeit bieten ihren Adressaten neben strukturierten Angeboten vor allem freie Räume, in denen sie selbst entscheiden können, wie sie sie gestalten. Dabei erfahren und erlernen Kinder und Jugendliche Selbstbestimmung, Mitverantwortung und soziales Engagement. Die offene Jugendarbeit bietet dabei die Chance, auch benachteiligte junge Menschen zu erreichen und ihnen gesellschaftliches Engagement und Verantwortungsübernahme zu ermöglichen (vgl. Sturzenhecker 2015, S. 11 f.).

Hiervon zu unterscheiden ist die verbandliche Jugendarbeit bzw. Jugendverbandsarbeit. Die Jugendverbände sind zentrale Orte jugendlichen Engagements. Das Ehrenamt ist hier konstitutiv. Hauptberufliches Personal ist die Ausnahme. Junge Menschen übernehmen selbst Aufgaben und Funktionen, bspw. die Leitung einer Gruppe (vgl. Düx et al., 2011, S. 329).

Je nach ihren Schwerpunkten und Zielen lassen sich bei den Jugendverbänden Freizeit-, Sport- und Naturschutzverbände, Hilfsorganisationen sowie politische und konfessionelle Jugendverbände unterscheiden (vgl. Düx et al., 2011, S. 333).

HINWEIS:

Die Jugendverbände sind auf kommunaler Ebene in Stadt- und Kreisjugendringen, auf Länderebene in Landesjugendringen und auf Bundesebene im Deutschen Bundesjugendring zusammengeschlossen.

BEISPIEL 2.6:

Jugendliche Lebensretter

Es ist die Mischung aus Gemeinschaft, körperlichem Einsatz und Technik, die das Mitmachen bei der Jugendorganisation der Deutschen Feuerwehr so besonders macht. Kinder und Jugendliche zwischen 8 und 18 Jahren werden frühzeitig an den Einsatz für das Gemeinwohl herangeführt und lernen, zügig verantwortungsvolle Entscheidungen zu treffen. Sie wachsen in Aufgaben hinein, die anderen Menschen das Leben retten können und somit unschätzbar wichtig sind. Allein mit Berufsfeuerwehren wäre effektiver Brandschutz jedoch kaum zu gewährleisten. Daher gibt es nahezu in jeder Stadt oder Gemeinde eine Freiwillige Feuerwehr.

Hierfür Nachwuchs zu gewinnen und auf die verantwortungsvollen Aufgaben vorzubereiten, ist das ursprüngliche und auch heute noch wichtigste Ziel der Jugendfeuerwehr.

Viele Gruppen der Jugendfeuerwehr sind zusätzlich in weiteren Bereichen aktiv. Sie organisieren soziale Projekte oder engagieren sich für Demokratie und Integration.

Die Deutsche Jugendfeuerwehr (DJF) bildet den Zusammenschluss aller Jugendfeuerwehren im Deutschen Feuerwehrverband. Ihre Hauptaufgabe ist es, in die gemeinwohlorientierten Aktivitäten der Freiwilligen Feuerwehr einzuführen. Gegründet wurde der Jugendverband 1964. Er zählt aktuell rund 245.000 Mitglieder in mehr als 18.000 Gruppen. Damit ist die Deutsche Jugendfeuerwehr einer der größten Jugendverbände Deutschlands (vgl. Presse- und Informationsamt der Bundesregierung, 2014).

ÜBUNG 2.7:

Recherchieren Sie einen in Ihrem Wohnort tätigen Jugendverband und beschreiben Sie, welche konkreten Formen des Ehrenamts hier praktiziert werden.

Empirische Daten zum Engagement Jugendlicher in der Jugendarbeit sind nur schwer zu erfassen, da auch die Verbände das Engagement nicht einheitlich erheben. Nach dem Freiwilligensurvey 2014 (vgl. Simonson; Tesch-Römer, 2016) sind 46,9 % der 14- bis 29-Jährigen freiwillig engagiert. In diesen Zahlen sind jedoch auch Engagements in freien Projekten und Initiativen enthalten. Sie sind damit nur bedingt für die Jugendarbeit aussagekräftig.

Ein belastbarer Indikator für herausragendes Ehrenamt in der Jugendarbeit ist die Anzahl der ausgestellten Jugendleiter-Cards. Seit Einführung der „Juleica" im Jahr 1999 wurden insgesamt über 500.000 Karten ausgestellt. Jährlich werden etwa – mit Schwankungen und Unterschieden zwischen den Bundesländern – ca. 30.000 Karten ausgestellt, die jeweils drei Jahre gültig sind. Aktuell gültig sind deutlich über 100.000 Karten (vgl. Dortmunder Arbeitsstelle für Kinder- und Jugendhilfe, 2013).

EXKURS: DIE JUGENDLEITER-CARD (JULEICA)

Die Jugendleiter-Card (kurz: Juleica) ist der bundesweit einheitliche Ausweis für ehrenamtliche Mitarbeiter in der Jugendarbeit. Sie dient zur Legitimation und als Qualifikationsnachweis der Inhaber. Zusätzlich soll die Juleica auch die gesellschaftliche Anerkennung für das ehrenamtliche Engagement zum Ausdruck bringen.

Jugendleiter engagieren sich Woche für Woche in ihrer Jugendgruppe, bei der Organisation von Konzerten und Festivals, als Teamer von Seminaren, in Jugendzentren und kommunalen Initiativen oder als Betreuer von Ferienfreizeiten. Sie geben den Interessen von Kindern und Jugendlichen eine Stimme und setzen sich für die Belange der jungen Generation ein.

Für diese spannenden und verantwortungsvollen Aufgaben bereiten sie sich gut vor. In einer umfangreichen Ausbildung (mindestens 30 Stunden) setzen sie sich z. B. mit rechtlichen Aspekten auseinander, sie lernen, wie eine Gruppe funktioniert, sie lernen verschiedene Methoden kennen und wissen, wie man Veranstaltungen organisiert. Damit verfügen Jugendleiter über eine Qualifikation, die in vielen anderen Bereichen des Ehrenamts ihresgleichen sucht.

Die erlernten „Soft Skills" sind nicht nur in der Jugendarbeit von Belang. Auch Arbeitgeber legen großen Wert auf diese Zusatzqualifikation.

Als Nachweis für die Ausbildung können Jugendleiter die Jugendleiter-Card beantragen. Mit der Karte können die Inhaber bundesweit über 2.700 attraktive Vergünstigungen in Kommunen und von Unternehmen in Anspruch nehmen (vgl. Deutscher Bundesjugendring, o. J.).

Die besondere Rolle des Ehrenamts in der Jugendarbeit zeigt sich auch darin, dass es – wie in keinem anderen Praxisfeld der Sozialen Arbeit sonst – eine klare Rechtsgrundlage gibt. In § 11 des Kinder- und Jugendhilfegesetzes (KJHG) sind die Ziele der Jugendarbeit definiert. Ihre Angebote sollen „an den Interessen junger Menschen anknüpfen und von ihnen mitbestimmt und mitgestaltet werden, sie zur Selbstbestimmung befähigen und zu gesellschaftlicher Mitverantwortung und zu sozialem Engagement anregen und hinführen" (§ 11, KJHG).

§ 12 KJHG enthält zudem eine klare Verpflichtung der öffentlichen Träger zur Förderung der Jugendverbände.

Die Organisation der gesamten Kinder- und Jugendhilfe auf kommunaler wie auf Landesebene ist zudem aus einer bürgergesellschaftlichen Perspektive interessant und beispielgebend. Örtliche Jugendämter (§ 70, KJHG) wie Landesjugendämter (§ 71, KJHG) bestehen neben der Verwaltung aus dem Jugendhilfeausschuss bzw. dem Landesjugendhilfeausschuss. Hier stimmen sich Vertreter der öffentlichen und freien Träger über grundsätzliche Fragen der Jugendhilfe ab. Diese Organisationsstruktur setzt damit auf Dialog und Kooperation zwischen Staat und Zivilgesellschaft.

2.2.2 Gesundheitswesen

Auch im Gesundheitswesen spielt das bürgerschaftliche Engagement eine wichtige Rolle. Dabei lassen sich im Kern drei Formen freiwilliger ehrenamtlicher Tätigkeiten unterscheiden: individuelles Engagement aufgrund sozialer und moralischer Einstellungen, gesellschaftspolitisches Engagement und Engagement aus persönlicher Betroffenheit (Selbsthilfe) (vgl. Matzat, 2011, S. 377).

BEISPIEL 2.7:

Individuelles Engagement aufgrund sozialer und moralischer Einstellungen

- Mitwirkung in der ambulanten oder stationären Krankenhaushilfe und -pflege (z. B. sogenannte „Grüne Damen und Herren")
- Engagement in einem Hospiz
- Mitarbeit in der Telefonseelsorge

Gesellschaftspolitisches Engagement

- Tätigkeit als Patientenfürsprecher in einem Krankenhaus
- Mitarbeit in einer Patientenberatungsstelle oder einem Gesundheitsladen
- Politisches Engagement bei „Ärzte ohne Grenzen"

Engagement aus persönlicher Betroffenheit (Selbsthilfe)

- Mitwirkung in einer Selbsthilfegruppe (z. B. „Frauen nach Krebs")
- Engagement bei den Anonymen Alkoholikern
- Engagement in einer Selbsthilfegruppe Betroffener einer seltenen Krankheit mit ihren Angehörigen

ÜBUNG 2.8:

Ergänzen Sie die in Beispiel 2.7 genannten Engagements durch Beispiele gesundheitsbezogener ehrenamtlicher Tätigkeiten aus Ihrem Lebensumfeld.

Auch das vielfältige Engagement in den Hilfs- und Rettungsdiensten (insbesondere beim Deutschen Roten Kreuz, dem Malteser Hilfsdienst, dem Arbeiter-Samariter-Bund und der Johanniter Unfallhilfe) wird häufig dem Bereich des Gesundheitswesens zugerechnet. Gleiches gilt für das Engagement in der Deutschen Lebensrettungsgesellschaft, dem Technischen Hilfswerk (THW) und der Freiwilligen Feuerwehr.

Weitere wichtige Formen ehrenamtlichen Engagements im Gesundheitsbereich sollen durch einige statistische Daten aus dem Jahr 2011 beleuchtet werden (vgl. Matzat, 2011, S. 377 ff.; Klie, 2011, S. 402 f.):

- Etwa 11.000 sogenannte „Grüne Damen und Herren" leisten in Deutschlands Kliniken und Heimen ehrenamtlich Hilfe und Beistand. Sie sind in ca. 700 Gruppen unter dem Dach der Evangelischen und Ökumenischen Krankenhaus- und Altenheimhilfe organisiert. Darüber hinaus gibt es zahlreiche nur lokal organisierte Helfergruppen an vielen Krankenhäusern.
- In 160 stationären Hospizen und 1.500 ambulanten Hospizdiensten in Deutschland sind neben hauptamtlichem Personal rund 80.000 Ehrenamtliche in der Sterbebegleitung aktiv.
- Bei der Telefonseelsorge sind bundesweit 7.000 Menschen ehrenamtlich als Berater tätig.
- In der Suchtkrankenhilfe und den entsprechenden Abstinenzverbänden engagieren sich rund 6.000 Freiwillige ehrenamtlich.

Die Selbsthilfe hat sich in Deutschland als eine wichtige Säule des Gesundheitssystems etablieren können. Die Selbsthilfelandschaft ist dabei sehr differenziert und vielfältig; für das Jahr 2011 kann man folgendes Bild zeichnen (vgl. Thiel, 2011, S. 527 ff.):

- In Deutschland gibt es ca. 100.000 Selbsthilfegruppen mit rund 3,5 Millionen Mitgliedern.
- Es existieren rund 100 überregional tätige Selbsthilfeorganisationen, die die Interessen von etwa einer Million Menschen mit Behinderungen und chronischen Erkrankungen sowie ihren Angehörigen vertreten.
- Rund 300 Selbsthilfekontakt- und Informationsstellen bieten Interessierten und Betroffenen vor Ort Beratung und Unterstützung (vgl. hierzu Kapitel 3.2).

2.2.3 Altenhilfe und Altenpflege

In der Altenhilfe und der Altenpflege ist die Bedeutung bürgerschaftlichen Engagements in den vergangenen zwei Jahrzehnten besonders sichtbar gestiegen:

„Die Zahl der Pflegebedürftigen nimmt zu, die Zahl der informell Pflegenden deutlich ab. Die Schere zwischen Bedarf und Pflegepotenzial geht auf." (Klie, 2011, S. 398). Bei den informell Pflegenden handelt es sich im Wesentlichen um die pflegenden Angehörigen.

Dabei ist die Pflegebereitschaft in der Bevölkerung sehr unterschiedlich ausgeprägt. Während in klassischen Unterschichtsmilieus die Pflege häufiger innerhalb der eigenen Familie geleistet wird (informelle Pflege), ist die Bereitschaft zur Familienpflege im liberal bürgerlichen Milieu geringer ausgeprägt. Die Bereitschaft zum bürgerschaftlichen Engagement allerdings ist hier deutlich höher (vgl. Klie, 2011, S. 398).

Bürgerschaftliches Engagement in der Pflege leistet viel für die Lebensqualität von Pflegebedürftigen. Die 1994 eingeführte Pflegeversicherung und ihre Leistungen gingen zunächst von einem sehr engen (verrichtungsbezogenen) Pflegeverständnis aus. Psychische und soziale Dimensionen von Pflegebedürftigkeit wurden dabei vernachlässigt. Gerade die sozialen Aspekte aber haben viel zu tun mit Teilhabesicherung und dem Erhalt von Lebensqualität Pflegebedürftiger (vgl. Klie, 2011, S. 398). Für entsprechende Tätigkeiten, die Zuwendung, menschliche Nähe und soziale Beziehungen sichern, bleibt professionellen Pflegediensten jedoch häufig kaum Zeit, denn sie wurden über die Pflegeversicherung bislang nicht oder nicht angemessen vergütet.

Gerade in diesem die Menschenwürde sichernden Bereich zwischen Pflegebedürftigen, ihren Familien und professionellen Pflegedienstleistern erbringen bürgerschaftlich Engagierte wichtige Aufgaben und Leistungen, die die Pflegequalität erhöhen und die Lebensqualität der zu Pflegenden erhalten.

Inzwischen hat auch der Gesetzgeber die Bedeutung bürgerschaftlichen Engagements in der Pflege erkannt und in den Novellierungen der Pflegeversicherung (zuletzt 2016 durch das zweite Pflegestärkungsgesetz) Möglichkeiten einer auch finanziellen Förderung von Engagement in der ambulanten und stationären Pflege geschaffen.

HINWEIS:

Auf der Website des Bundesministeriums der Gesundheit (BMG) zum Pflegestärkungsgesetz finden Sie alle seit 2017 geltenden Leistungen der Pflegeversicherung im Überblick.

Jenseits der Einführung der neuen fünf Pflegegrade und der damit verbundenen erweiterten Leistungen wurden mit dem Pflegestärkungsgesetz zahlreiche weitere Verbesserungen erzielt. Die Versicherung baut nunmehr auf einem neuen, ganzheitlichen Pflegebedürftigkeitsbegriff auf. Dazu gehören auch die Möglichkeiten zur Förderung des ehrenamtlichen Engagements und der Selbsthilfe in der Pflege. § 45 c SGB XI enthält Regelungen für niedrigschwellige Betreuungsangebote zur Unterstützung und Entlastung pflegender Angehöriger im Alltag, zur Qualifizierung und Fortbildung Angehöriger und ehrenamtlicher Pflegepersonen sowie für Aufwandsentschädigungen für Ehrenamtliche. Künftig können auch Modellprojekte und regionale Netzwerke für pflegebedürftige Menschen, insbesondere an Demenz Erkrankte, gefördert werden. § 45 d regelt die Förderung der Selbsthilfe und ihrer Strukturen in diesem Feld. Damit zielt das Pflegestärkungsgesetz auf die Festigung und Weiterentwicklung ehrenamtlicher Strukturen im Pflegebereich.

ÜBUNG 2.9:

Welche Möglichkeiten zur Förderung bürgerschaftlichen Engagements in der Pflege bietet aktuell die Pflegeversicherung?

Das bürgerschaftliche Engagement in Altenhilfe und Altenpflege ist sehr vielfältig. Es reicht von Formen der Selbst- und Nachbarschaftshilfe über die ehrenamtliche Unterstützung in der ambulanten und stationären Pflege bis hin zur Beziehungspflege und Teilhabesicherung.

BEISPIEL 2.8:

Bürgerschaftliches Engagement in Altenhilfe und Altenpflege

- Unterstützung bei der Haushaltsführung und Gartenpflege in Nachbarschaftshilfe
- ehrenamtliche Fahr- und Einkaufsdienste
- Unterstützung bei der ambulanten Pflege zu Hause
- „Grüne Damen und Herren" in Altenheimen
- ehrenamtliche Besuchs- und Vorlesedienste in teilstationären (Tagespflege) und stationären Einrichtungen (Pflegeheime)
- ehrenamtliche Pflegebegleiter (Beratung von pflegenden Angehörigen)
- ehrenamtliche rechtliche Betreuer von Pflegebedürftigen
- ehrenamtliches Engagement im Hospiz- und Palliativbereich

Um eine Vorstellung vom Ausmaß des bürgerschaftlichen Engagements in der Pflege zu vermitteln, sollen wiederum einige Zahlen für das Jahr 2011 herangezogen werden (vgl. Klie, 2011, S. 402 f.):

- In den Verbänden der freien Wohlfahrtspflege sind rund drei Millionen Menschen ehrenamtlich engagiert, davon viele im Pflege- bzw. Care-Bereich.
- Über 11.000 „Grüne Damen und Herren" sind in Krankenhäusern und Altenpflegeeinrichtungen ehrenamtlich aktiv.
- 80.000 Menschen engagieren sich ehrenamtlich im Hospiz- und Palliativbereich.
- 84.000 Menschen unter rechtlicher Betreuung, viele von ihnen pflegebedürftig, werden durch ehrenamtliche rechtliche Betreuer begleitet.
- 10 % aller Pflegebedürftigen erhalten im Rahmen der häuslichen Pflege ehrenamtliche Unterstützung.

Ein nicht nur im Pflegebereich zu beobachtendes Problem ist die Zunahme von bezahlten Ehrenämtern. Auch durch gesetzliche Änderungen ermöglicht und gefördert, werden ehrenamtliche Tätigkeiten zum Teil mit Stundensätzen über dem Mindestlohn vergütet. Unter dem Stichwort „Monetarisierung im Ehrenamt" werden diese Entwicklung und ihre Auswirkungen auf das bürgerschaftliche Engagement bundesweit kritisch diskutiert (vgl. Staatskanzlei Rheinland-Pfalz; Bundesnetzwerk Bürgerschaftliches Engagement, 2015). Wir kommen auf diese Problematik später in Kapitel 4.4 sowie in der Schlussbetrachtung und den dort beschriebenen Herausforderungen und Perspektiven der Engagementförderung noch einmal zurück.

Im Kontext von Altenhilfe und Altenpflege darf nicht unerwähnt bleiben, dass ältere Menschen keineswegs nur Adressaten ehrenamtlicher Unterstützungsleistungen sind. Vielmehr sind sie selbst eine wachsende Gruppe von aktiven, sich engagierenden Bürgern. Das Engagement älterer Menschen, ihre Erfahrungen und ihre Kreativität bergen großes Innovationspotenzial und Chancen für die Gestaltungen des demografischen Wandels. Dies gilt einerseits aus individueller Perspektive, da im bürgerschaftlichen Engagement in der nachberuflichen Lebensphase soziale Integration, Geselligkeit und Sinnstiftung gefunden werden. Es gilt aber andererseits auch aus gesellschaftlicher Perspektive, da das Engagement Älterer unersetzlich ist für eine solidarische Gesellschaft des langen Lebens (vgl. Klie, 2011, S. 403).

2.2.4 Arbeit mit behinderten Menschen

Noch vor wenigen Jahrzehnten wurden Menschen mit Behinderung ganz selbstverständlich in Sondereinrichtungen untergebracht, die ihnen einen geschützten Lebensraum bieten und zugleich die Gesellschaft vor behinderten Menschen schützen sollten. Bürgerrechts-, Behinderten- und Empowermentbewegungen kritisierten dann die inhumanen Zustände in den Heimen und markierten sie als „totale Institutionen" (Goffmann, 1972). Nicht nur Eltern behinderter Kinder wandten sich gegen Ausgrenzung, Ghettoisierung, Benachteiligung und Diskriminierung. Gesellschaftliche Integration und eine selbstbestimmte Lebensführung behinderter Menschen wurden zum bestimmenden Ziel der Arbeit mit Behinderten (vgl. Theunissen, 2011, S. 343).

Die Integrationsperspektive stellte zunächst eine räumliche Integration behinderter Menschen, vor allem in Wohnkonzepten, in den Mittelpunkt. Sie vernachlässigte aber weitreichendere soziale und kulturelle Lebensbedingungen. Inzwischen ist daher der Begriff der Inklusion in den Mittelpunkt gerückt. Mit ihm verbindet sich ein Gesellschaftsbild, in dem jeder Mensch das Recht hat, als vollwertiges und gleichberechtigtes Mitglied anerkannt zu werden. Angetrieben von der Bürgerrechts- und Behindertenbewegung hat Inklusion als Leitbild Eingang gefunden in die UN-Konvention über die Rechte behinderter Menschen (vgl. Theunissen, 2011, S. 344 f.).

Dies hatte politisch wie praktisch weitreichende Auswirkungen. Denn Inklusion erfordert eine konsequente Öffnung aller sozialen und kulturellen Institutionen und Organisationen (einschließlich Bildungsinstitutionen, öffentliche Dienstleistungen, Arbeitsplätze in Unternehmen etc.), um sie auch behinderten Menschen zugänglich und verfügbar zu machen. All diese Strukturen müssen also so umgestaltet werden, dass sie den Rechten, Interessen und Bedürfnissen aller Mitglieder der Gesellschaft entsprechen und Selektion und Separation vermieden werden. Das Konzept der Inklusion reicht damit über die Perspektive von Menschen mit Behinderung hinaus und schließt auch andere Gruppen ein, die marginalisiert, ausgegrenzt und benachteiligt sind (vgl. Theunissen, 2011, S. 345).

Ein solches Inklusionsverständnis fördert eine bürgerzentrierte Behindertenarbeit. Soziale Kontakte und gemeinsames Miteinander von Menschen mit und ohne Behinderung ermöglichen, dass behinderte Personen nicht nur informelle Unterstützung erhalten, sondern sich auch als sozial zugehörig erleben, sozial kommunizieren und am sozio-kulturellen Leben teilhaben (vgl. Theunissen, 2011, S. 345.)

Damit gewinnt auch das bürgerschaftliche Engagement – sowohl für behinderte Menschen als auch gemeinsames Engagement von Menschen mit und ohne Behinderung – an Bedeutung. Neben dem Ehrenamt in Funktionen, z. B. als Vereinsvorstand eines Trägers von Behinderteneinrichtungen, arbeiten immer mehr professionelle Dienstleister mit Freiwilligen zusammen. Einrichtungen der Behindertenhilfe öffnen sich zunehmend für bürgerschaftliches Engagement und gewinnen durch ehrenamtlich Mitwirkende zusätzliche Qualität und Impulse für ihre Arbeit. Durch die gewonnenen Bekanntschaften, Nachbarschaften und sogar Freundschaften entwickeln sich wertvolle, informell abrufbare Unterstützungssysteme. Dies wirkt präventiv gegen Vereinsamung, psychische Krisen und Belastungen und fördert das Gefühl gesellschaftlicher Zugehörigkeit (vgl. Theunissen, 2011, S. 346.).

ÜBUNG 2.10:

Suchen Sie in Ihrem Wohnort eine Einrichtung der Behindertenhilfe auf und erfragen Sie, ob hier auch freiwillig Engagierte mitarbeiten. Beschreiben Sie, welche Formen des Engagements hier gelebt werden.

Auch Einrichtungen der Behindertenhilfe brauchen hierfür ein funktionierendes Freiwilligenmanagement (vgl. Kapitel 4.2), Vernetzung vor Ort und zuverlässige Kooperationspartner, wie bspw. Freiwilligenagenturen (vgl. Kapitel 3.2.1).

BEISPIEL 2.9:

Die Palette von Möglichkeiten bürgerschaftlichen und freiwilligen Engagements in der Arbeit mit behinderten Menschen ist breit gefächert. Neben ehrenamtlichen Tätigkeiten in den Einrichtungen der Behindertenhilfe gehören hierzu beispielsweise:

- Gestaltung von Beziehungen im direkten Wohnumfeld, z. B. durch konkrete Angebote der Nachbarschaftshilfe
- Einbeziehung behinderter Menschen in die Arbeit und das Leben bestehender Vereine im Stadtteil
- Förderung und Unterstützung von gemeinsamen Gemeinde- und Stadtteilfesten
- Begleitangebote mit Vermittlungs- und Brückenfunktion, wie bspw. beim Aufsuchen kultureller Ereignisse, öffentlicher Orte wie Kinos, Cafés und Klubs oder auch beim Besuch von Behörden und Diensten
- Freizeitassistenzen von Freiwilligen für behinderte Menschen

Zur Unterstützung solcher Prozesse kann ggf. auch die Gründung eines eigenen Hilfevereins sinnvoll sein (vgl. Theunissen, 2011, S. 347).

Wichtig bleibt beim bürgerschaftlichen Engagement für behinderte Menschen ein selbstkritischer Blick auf das eigene Tun. Nicht selten kann das Engagement auch einengend und bevormundend sein. Ehrenamtliche Unterstützung sollte stets die

Selbstbestimmung von Menschen mit Behinderung respektieren und Hilfe zur Selbsthilfe ermöglichen. Infantilisierung und Stigmatisierung gilt es zu vermeiden (vgl. Theunissen, 2011, S. 348).

Bürgerschaftliches Engagement ist in diesem Feld keineswegs eine Einbahnstraße. Menschen mit Behinderung können und wollen sich durchaus engagieren. Hierfür benötigen sie eine angemessene Ermöglichung und Ermutigung. Wenn sie selbst in ihrem Sozialraum freiwillig für das Gemeinwesen aktiv werden, können lebendige, auf Gegenseitigkeit beruhende Beziehungen zwischen Menschen mit und ohne Behinderung erwachsen. Genau in diesen Ansätzen gemeinsamen Tuns wird gelingende Inklusion besonders anschaulich.

BEISPIEL 2.10:

„Lebenshilfe aktiv"

Die Lebenshilfe hat mit ihrem Projekt „Lebenshilfe aktiv" (2007–2010) ein Netzwerk von Freiwilligenkoordinatorinnen und -koordinatoren aufgebaut, um das bürgerschaftliche Engagement *für* Menschen mit geistiger Behinderung zu stärken. Doch im weiteren Projektverlauf rückte die Unterstützung des Engagements *von* Menschen mit Behinderung immer stärker in den Fokus. Die Unterstützung des Engagements von Menschen mit Behinderungen (insbesondere mit geistiger oder Lernbehinderung) fand dabei auf drei Ebenen statt:

Austausch über das Engagement von Menschen mit Behinderung
Über verschiedene Kanäle wurde eine Kommunikation inner- und außerhalb der Lebenshilfe über das Engagement von Menschen mit Behinderungen organisiert. Welche guten Beispiele gibt es schon? In welchen Feldern der Freiwilligenarbeit sind Menschen mit geistiger Behinderung schon aktiv? Welche Barrieren erfahren sie auf dem Weg ins Engagement? Was kann und muss getan werden, um Inklusion im Engagementbereich zu erreichen? Durch Telefonberatung, eine Projektwebseite und bundesweite Veranstaltungen wurden diese wichtigen Fragen erörtert, Good-Practice-Beispiele vorgestellt und Informationen und Erfahrungswerte ausgetauscht.

Öffentlichkeitsarbeit für das Engagement von Menschen mit Behinderungen
Viele Menschen mit geistiger Behinderung interessieren sich für ein bürgerschaftliches Engagement. Sie können es, sie machen es schon und sie haben auch ein Recht darauf! Diese Botschaft wurde Fachleuten und beruflich Interessierten, Menschen mit Behinderung selbst und vor allem der breiten Öffentlichkeit nahegebracht. Fachvorträge, die Projektwebseite, Pressearbeit sowie die Kampagne „Sehen Sie Engagement mal von der anderen Seite" waren dafür wichtige Instrumente.

Kooperationen für das Engagement von Menschen mit Behinderungen
Als bundesweit tätiger Verband hat die Lebenshilfe viele Kooperationspartner in Wirtschaft und Gesellschaft. Im Projekt „Lebenshilfe aktiv" wurden diese Partner gezielt als Freunde und Partner für das Thema Inklusion im Engagement gewonnen. In zahlreichen Aktionen und Projekten mit Unternehmen und Verbänden konnten konkrete Möglichkeiten eines inklusiven Engagements praktiziert und gelebt werden.

Die Bundesvereinigung Lebenshilfe versteht sich als Selbsthilfevereinigung, Eltern-, Fach- und Trägerverband für Menschen mit geistiger Behinderung und ihre Familien. Die Lebenshilfe wurde 1958 in Deutschland auf Bundesebene von betroffenen Eltern und Fachleuten als Bundesvereinigung Lebenshilfe gegründet. Sie begleitet Menschen mit geistiger Behinderung in ihrem Bestreben, gleichberechtigt am Leben in der Gesellschaft teilzunehmen und tritt für die barrierefreie Gestaltung aller Lebensbereiche ein (vgl. Bundesvereinigung Lebenshilfe für Menschen mit geistiger Behinderung e. V., o. J.). Weiteres zum Thema finden Sie unter www.lebenshilfe.de und unter www.lebenshilfe-aktiv.de.

Zusammenfassung

Unter dem Sammelbegriff bürgerschaftliches Engagement werden verschiedene Formen von freiwilligen, unentgeltlichen und gemeinnützigen Tätigkeiten gefasst. Hierzu gehören das bürgerschaftliche Engagement in einem engeren, politischen Verständnis, traditionelle und neue Formen des Ehrenamts, die Selbsthilfe, Freiwilligendienste, Ansätze der Bürgerbeteiligung sowie das Engagement von Unternehmen (Corporate Citizenship).

Die Erscheinungsformen bürgerschaftlichen Engagements sind sehr vielfältig. Sie sind in nahezu allen Gesellschafts- und Lebensbereichen präsent. Für die Gesundheits- und Sozialwirtschaft ist vor allem das Engagement in der Sozialen Arbeit, im Gesundheitswesen, in der Altenhilfe und Altenpflege sowie in der Arbeit mit behinderten Menschen von herausragender Bedeutung. Die Kinder- und Jugendarbeit ist das einzige Praxisfeld, in dem das Ehrenamt konstitutiv ist.

Aufgaben zur Selbstüberprüfung

AUFGABE 2.1:

Sie haben in diesem Kapitel erfahren, dass unter dem Begriff des bürgerschaftlichen Engagements unterschiedliche Formen von freiwilligen, unentgeltlichen und gemeinwohlorientierten Tätigkeiten gefasst werden. Wiederholen Sie diese verschiedenen Formen und nennen Sie jeweils Beispiele hierfür.

AUFGABE 2.2:

In diesem Kapitel lag der Schwerpunkt auf den Bereichen Kinder- und Jugendarbeit, Gesundheitswesen, Altenhilfe und -pflege sowie auf der Arbeit mit behinderten Menschen. Wählen Sie einen dieser Bereiche aus, beschreiben Sie die hier bestehenden Erscheinungsformen bürgerschaftlichen Engagements, die vorgefundenen Strukturen der Engagementförderung und ggf. geltende rechtliche Regelungen.

AUFGABE 2.3:

Bürgerschaftliches Engagement findet in allen Gesellschafts- und Lebensbereichen statt. Überlegen Sie, in welchen anderen Feldern bürgerschaftliches Engagement wichtig ist, und nennen Sie hierfür entsprechende Beispiele aus Ihrem Lebensumfeld.

3 Organisationsformen und Strukturen

Im folgenden Kapitel machen Sie sich mit den Rahmenbedingungen bürgerschaftlichen Engagements vertraut. Nach der Bearbeitung können Sie die Organisationsformen voneinander unterscheiden, haben einen Überblick über relevante Rechtsbereiche und kennen die wichtigsten Infrastruktureinrichtungen der lokalen Engagementförderung.

3.1 Organisationsformen

Nach wie vor entfaltet sich ein Großteil des bürgerschaftlichen Engagements im Rahmen von zivilgesellschaftlichen Organisationen (vgl. Kapitel 1.3). Die wichtigsten Organisationsformen – Vereine, Verbände, Stiftungen und Genossenschaften – werden daher im Folgenden in ihren Wesenszügen beschrieben. Zudem werden die dazugehörigen Rechtsgrundlagen beleuchtet.

EXKURS: GEMEINNÜTZIGE GESELLSCHAFT MIT BESCHRÄNKTER HAFTUNG

In der Zivilgesellschaft haben sich zudem weitere Organisationsformen wie bspw. die gemeinnützige Gesellschaft mit beschränkter Haftung (gGmbH) etabliert. Auch wenn in ihnen bürgerschaftliches Engagement zum Tragen kommt, so sind sie doch selbst in ihrem Kern keine zivilgesellschaftlichen, sondern wirtschaftliche Organisationsformen. Sie werden häufig gegründet, um aus Vereinen oder Verbänden aus organisatorischen, verwaltungstechnischen und finanziellen Gründen bestimmte, meist Dienstleistungsbereiche, auszulagern. Sie sollen hier nicht genauer betrachtet werden.

3.1.1 Vereine

Der Verein ist nach dem Freiwilligensurvey (vgl. Kapitel 1.3) die wichtigste Organisationsform bürgerschaftlichen Engagements. Über die Hälfte aller ehrenamtlichen Tätigkeiten wird im Verein ausgeübt. Vereine verfügen zudem über weitreichende

Traditionen. In Deutschland existieren laut der ZiviZ-Studie von 2012 über 580.000 Vereine (vgl. Kapitel 1.1 und 1.3). An dieser Stelle soll nun ein Blick auf die Besonderheiten des Vereins als Organisationsform geworfen werden.

DEFINITION 3.1:

„Der Verein als Rechtsform ist ein freiwilliger, auf gewisse Dauer angelegter, körperschaftlich organisierter Zusammenschluss von mehreren natürlichen oder juristischen Personen, die unter einem Gesamtnamen bestimmte gemeinsame Zwecke verfolgen wollen" (Zimmer, 2011, S. 453, zitiert nach Rawert; Gärtner, 2004, S. 2 f.).

Das Vereinsrecht (im BGB) unterscheidet wirtschaftliche und ideelle, rechtsfähige und nicht rechtsfähige Vereine. Für das bürgerschaftliche Engagement sind vorrangig ideelle oder auch Idealvereine relevant. Sie verfolgen gemeinnützige, der Allgemeinheit dienende Zwecke. Wirtschaftliche Ziele können dabei auch eine Rolle spielen, dürfen aber die Gemeinwohlorientierung nicht überlagern und müssen dieser dienen (vgl. Zimmer, 2011, S. 453 ff.).

Für Vereine gelten besondere gesetzliche Regelungen, die im BGB (§§ 21–79) festgelegt sind. Jeder Verein muss sich eine Satzung geben, aus der Name, Sitz, Gründung, Vereinszweck und alle für das Vereinsleben entscheidenden Punkte klar hervorgehen.

LESEHINWEIS:

Zur Vertiefung der rechtlichen Grundlagen des Vereins empfiehlt sich Waldner, 2011.

Als demokratische Organisationsform kommt den Organen des Vereins, der Mitgliederversammlung und dem Vorstand, besondere Bedeutung zu. Sie sind durch das BGB vorgegeben. Für die weitere organisatorische Ausgestaltung gibt es große Handlungsspielräume, da keine gesetzlichen Vorgaben existieren. Der Verein ist also eine sehr flexible Organisationsform, die an die Besonderheiten des jeweiligen Vereins angepasst werden kann (vgl. Zimmer, 2011, S. 545).

Mit Eintrag in das örtliche Vereinsregister beim zuständigen Amtsgericht wird der Idealverein als „eingetragener Verein" (e. V.) eine eigenständige Rechtspersönlichkeit (juristische Person), die wie natürliche Personen im öffentlichen Leben handeln und bspw. Verträge abschließen kann. Der Zusatz „e. V." kennzeichnet den Verein als gemeinnützige Organisation.

Die Gemeinnützigkeit selbst ist weniger mit dem Vereinsrecht nach BGB, sondern vielmehr mit dem Steuerrecht verbunden. Es gewährt gemeinnützigen Vereinen (und anderen gemeinnützigen Organisationen) steuerliche Privilegien wie insbesondere die Befreiung von der Körperschaftssteuer und die Steuerfreiheit von Mitgliedsbeiträgen und Spenden. Gemeinnützige Vereine haben zudem die Möglichkeit, Spendenquittungen auszustellen, die Spender steuerlich mindernd geltend machen können. Die Voraussetzungen der Gemeinnützigkeit sind in der Abgabenordnung (AO §§ 51–68) festgelegt. Die Gemeinnützigkeit wird von den zuständigen Finanzämtern durch einen entsprechenden Freistellungsbescheid bestätigt.

LESEHINWEIS:

Vereine, die die Gemeinnützigkeit anstreben, sind gut beraten, die Formulierung ihrer Vereinszwecke in der Satzung genau mit den Regelungen der Abgabenordnung (AO) abzustimmen und prüfen zu lassen. Zu diesen Zwecken gibt es auch Mustersatzungen, an denen sich Vereine orientieren können. Bei zuständigen Amtsgerichten tätige Rechtspfleger sowie die zuständigen Finanzämter beraten hierzu. Zur Vertiefung des Themas Gemeinnützigkeits- und Spendenrecht empfiehlt sich Jachmann, 2011.

ÜBUNG 3.1:

Recherchieren Sie einen gemeinnützigen Verein in Ihrem Wohnort und beschreiben Sie seine Zwecke und Organe.

3.1.2 Verbände

Verbände haben i. d. R. auch die Rechtsform des Vereins, unterscheiden sich aber deutlich von den lokal agierenden Vereinen.

DEFINITION 3.2:

Verbände sind multifunktionale Organisationen, die auf überörtlicher Ebene vor allem Interessenvertretung und Lobbyarbeit betreiben. Daneben nehmen sie weitere Funktionen wie insbesondere die Bereitstellung und Erbringung von Dienstleistungen wahr (vgl. Heinze, 2011, S. 465). Auch Verbände sind in ihrer Arbeit in erheblichem Maße auf bürgerschaftliches Engagement angewiesen.

Es besteht eine enge Verbindung zwischen lokalen Vereinen und überlokal wirkenden Verbänden. Viele lokale Vereine (z. B. in den Bereichen Sport, Kunst, Kultur) haben sich überregionalen Dachverbänden auf Landes- und Bundesebene angeschlossen, die ihre Interessen gegenüber staatlichen Instanzen und gesellschaftlichen Institutionen vertreten (Bottum-up-Modell). Umgekehrt gibt es aber auch Zentralverbände (wie bspw. das DRK), die zur Realisierung ihrer Ziele (Top-down-Modell) lokale Vereine geschaffen haben (vgl. Heinze 2011, S. 466).

Bei Verbänden geht es im Unterschied zu den meisten lokalen Vereinen vorrangig um politische Interessensvertretung und um Einflussnahme auf politische Entscheidungen. Auf bundespolitischer Ebene sind über 2.000 Verbände auf der sogenannten Lobbyliste des Deutschen Bundestags registriert (vgl. Heinze, 2011, S. 465). Im Bereich der Sozialen Arbeit und der Wohlfahrtspflege werden diese Aufgaben der Interessensvertretung vor allem von den Wohlfahrtsverbänden wahrgenommen (vgl. Kapitel 1.1).

Verbände können schon frühzeitig in Gesetzgebungsverfahren auf Politik und Verwaltung einwirken. Im Gegenzug sind politische Entscheidungsträger gleichzeitig auf Informationen der Verbände angewiesen (vgl. Heinze, 2011, S. 468). So hat sich insbesondere im sozialen Bereich ein enges, korporatistisch verwobenes System zwischen Staat und Verbänden herausgebildet.

Die Verbändelandschaft hat sich in den letzten Jahrzehnten stark gewandelt. Klassische Großorganisationen beklagen einen Mitgliederschwund. Gleichzeitig sind neue Verbände entstanden, die mit hoher Spezialisierung Interessensvertretung in verschiedenen Bereichen betreiben (vgl. Heinze, 2011, S. 467).

ÜBUNG 3.2:

Recherchieren Sie anhand eines aktuellen Gesetzgebungsverfahrens, wie Wohlfahrtsverbände die Interessen ihrer Mitgliedsorganisationen und Mitglieder vertreten.

3.1.3 Stiftungen

In Deutschland existieren im Jahr 2014 rund 21.000 Stiftungen (vgl. Bundesverband Deutscher Stiftungen, 2017). Während Vereine eher einen kollektivistischen Ansatz gemeinschaftlichen Tuns verfolgen, setzen Stiftungen einen individualistischen Ansatz um (vgl. Strachwitz, 2011, S. 483). Insofern ist das Stiften eine besondere Form bürgerschaftlichen Engagements.

DEFINITION 3.3:

Stiftungen bezeichnen im rechtlichen Sinne „eine eigentümerlose Vermögensmasse, die auf Dauer einem bestimmten Zweck gewidmet ist" (Brömmling, 2011, S. 131).

Dabei können Stiftungen unterschiedliche Funktionen erfüllen. Sie erhalten Eigentum, sie übernehmen operative Aufgaben und sammeln Vermögen oder sie fördern benannte Zwecke, indem sie ihre Zinserträge in die Zweckerfüllung investieren (vgl. Strachwitz, 2011, S. 482 f.). Stiftungen können, müssen aber nicht gemeinnützig sein. Es gelten ggf. dieselben Regelungen des Gemeinnützigkeitsrechts wie für Vereine.

Stifterwille und Stifterzweck sollen die Dauerhaftigkeit der Tätigkeit einer Stiftung sicherstellen. Sie müssen klar definiert sein und sind im Nachhinein nur schwer veränderbar. Eine gesetzliche Mindestgrenze für Stiftungen gibt es nicht. Allerdings gibt es in der Verwaltungspraxis verschiedene Untergrenzen für das Stiftungskapital, um eine Stiftung formal anerkennen zu lassen (vgl. Brömmling, 2011, S. 132 f.).

Rechtliche Grundlagen für Stiftungen finden sich ebenso wie für Vereine im BGB. Allerdings sind die Vorschriften hier nicht sehr umfassend (BGB §§ 80–88). Die entscheidenden Regelungen sind in den Landesstiftungsgesetzen verankert, denn Stiftungsrecht ist Landesrecht (vgl. Brömmling, 2011, S. 137). Den Ländern obliegt auch die Stiftungsaufsicht.

In den Jahren 2000 bis 2007 gab es umfassende Reformen im Stiftungsbereich, die das Stiften insgesamt deutlich vereinfacht und viele Regelungen in den Landesstiftungsgesetzen vereinheitlicht haben (vgl. Brömmling, 2011, S. 129). Das Stiftungsrecht unterscheidet unterschiedliche Rechtsformen von Stiftungen. Um den Rahmen nicht zu sprengen, werden diese hier lediglich benannt (vgl. Brömmling, 2011, S. 134 ff.):

- die rechtsfähige Stiftung des bürgerlichen Rechts,
- die unselbstständige Stiftung,
- die Stiftung öffentlichen Rechts,
- kirchliche Stiftungen,
- kommunale Stiftungen,
- der Stiftungsverein,
- die Stiftungs-GmbH,
- die Verbrauchsstiftung,
- die Familienstiftung sowie
- die Bürgerstiftung.

Eine kompakte Beschreibung und Abgrenzung der verschiedenen Stiftungsformen finden Sie im Beitrag zum Stiftungsrecht von Ulrich Brömmling im Handbuch Bürgerschaftliches Engagement (Brömmling, 2011).

Seit 20 Jahren gibt es in Deutschland die Möglichkeit, eine Bürgerstiftung zu gründen. Sie ist für bürgerschaftliches Engagement vor Ort in den Kommunen eine besonders spannende Option, da sie Engagement in Form von Geld, Zeit und Ideen für jedermann ermöglicht und zudem – anders als die meisten anderen Stiftungen – Formen der demokratischen Mitbestimmung praktiziert.

DEFINITION 3.4:

„Bürgerstiftungen sind unabhängige Stiftungen von Bürgern für Bürger. Jeder kann mitstiften: Bürgerinnen und Bürger, Unternehmen, Vereine, Verbände, Banken, Kirchengemeinden und Kommunen engagieren sich gemeinsam mit Geld, Zeit und Ideen. Bürgerstiftungen fördern dauerhaft soziale, kulturelle und andere gemeinnützige Anliegen in einer Stadt, einem Landkreis oder einer Region." (Aktive Bürgerschaft, o. J.)

ÜBUNG 3.3:

Recherchieren Sie Bürgerstiftungen in der Nähe Ihres Wohnorts und beschreiben Sie deren Tätigkeitsschwerpunkte im und für das lokale Gemeinwesen.

3.1.4 Genossenschaften

Auch Genossenschaften haben als zivilgesellschaftliche Organisationsform in den vergangenen Jahren einen spürbaren Aufschwung erlebt (vgl. Flieger, 2011, S. 499). Ihre Tradition reicht aber bis ins 19. Jahrhundert zurück.

DEFINITION 3.5:

Genossenschaften sind seit ihrer Entstehung eine Organisationsform, die für aktive Mitgliederbeteiligung, organisierte Gruppenselbsthilfe und bürgerschaftliches Engagement steht (vgl. Alscher, 2008).

Die Entwicklung von Genossenschaften verläuft derzeit sehr dynamisch, da die Rechtsform Genossenschaft innovative Potenziale für die praktische Lösung gesellschaftlicher Anliegen und Herausforderungen bietet. Für den sozialen Bereich sind besonders Wohnungsgenossenschaften, Sozialgenossenschaften und Seniorengenossenschaften relevant. Im Zuge der Energiewende haben Energiegenossenschaften zivilgesellschaftliche Alternativen für einen umweltfreundlichen und sozialen Umbau der Energiewirtschaft eröffnet.

In Deutschland gab es im Jahr 2016 rund 8.000 Genossenschaften mit über 22 Millionen Mitgliedern, die in unterschiedlichen gesellschaftlichen Feldern tätig sind (vgl. DGRV, 2017).

> **!** Die **Genossenschaft** ist eine eigenständige Rechtsform für sowohl gewerbliche als auch gemeinnützige Organisationen. Ihr rechtlicher Rahmen ist im Genossenschaftsgesetz geregelt. Auch für die Genossenschaften gelten die steuerlichen Regeln des Gemeinnützigkeitsrechts.

Nicht alle Genossenschaften sind genossenschaftlich organisiert und nicht alle Genossenschaften haben die Rechtsform der eingetragenen Genossenschaft (e. G.). Die Genossenschaftlichkeit lässt sich anhand von vier Kriterien beschreiben (vgl. Flieger, 2011, S. 500 ff.):

- **Wirtschaftliches Handeln:** Hauptzweck einer Genossenschaft ist nicht die Verwertung von Kapital und das Erwirtschaften von Gewinn, sondern die Förderung der Mitglieder.
- **Identität:** Zwei sich ansonsten gegenüberstehende Rollen fallen bei den Mitgliedern von Genossenschaften zusammen. Sie sind zugleich Mieter und Vermieter (bei Wohnungsgenossenschaften), Verbraucher und Händler (bei Konsumgenossenschaften), Anbieter und Nutzer (bei Sozial- und Seniorengenossenschaften) oder Erzeuger und Verbraucher (bei Agrar- und Energiegenossenschaften).
- **Demokratie:** In Genossenschaften gilt das Prinzip „ein Mensch – eine Stimme“. Unabhängig von Kapitalanteilen oder Position haben alle Mitglieder formal das gleiche Stimmrecht.
- **Solidarität:** Soziale Verantwortung, Miteinander und Zusammenhalt prägen den besonderen „Genossenschaftsgeist“. Diese gelebten Werte unterscheiden Genossenschaften grundsätzlich von anderen Unternehmensformen.

Bürgerschaftliches Engagement ist ein zentrales Element in Genossenschaften. Mitglieder engagieren sich intern in Gremien wie Vorständen und Aufsichtsräten. Sie leisten aber auch ehrenamtlich praktische soziale Hilfen und Dienste. Darüber hinaus engagieren sich die Mitglieder nach außen hin, wirken in Netzwerken mit und vertreten gemeinsame Anliegen und Interessen auf politischer Ebene. Genossenschaftliche Selbsthilfe erhält dabei häufig starke Unterstützung durch bürgerschaftlich Engagierte, die nicht selbst Mitglieder oder Nutzer der Genossenschaft sind (vgl. Alscher, 2008, S. 16 ff.).

ÜBUNG 3.4:

Rekapitulieren Sie in eigenen Worten die besonderen Merkmale von Genossenschaften, die sie von anderen Unternehmensformen, aber auch von anderen zivilgesellschaftlichen Organisationen wie etwa Vereinen unterscheiden.

3.2 Infrastruktureinrichtungen

Lokale Infrastruktureinrichtungen haben sich vielerorts als wichtige Knotenpunkte der Engagementförderung in den Kommunen etabliert. Über die verschiedenen gesellschaftlichen Bereiche des Engagements hinweg und in engem Zusammenspiel von Politik und Verwaltung, organisierter Zivilgesellschaft sowie engagierten Bürgern informieren, beraten und vermitteln sie im Bereich des ehrenamtlichen Engagements. Sie bieten Fort- und Weiterbildung, betreiben Öffentlichkeits- und Lobbyarbeit für das bürgerschaftliche Engagement, vernetzen und entwickeln Projekte der Engagementförderung vor Ort. Sie sind damit über die Vermittlungstätigkeit hinaus wichtige Entwicklungsagenturen bürgerschaftlichen Engagements in den Kommunen (vgl. Enquete-Kommission 2002, S. 298 ff.).

Die drei wichtigsten Einrichtungstypen sind **Freiwilligenagenturen**, **Seniorenbüros** und **Selbsthilfekontaktstellen**. Sie arbeiten auf lokaler wie überörtlicher Ebene eng zusammen und sind gut miteinander vernetzt. Die Einrichtungstypen unterscheiden sich mit Blick auf ihre Adressatengruppen und inhaltlichen Schwerpunkte. Zudem gibt es regionale und landestypische Unterschiede in den Konzepten. Weitere wichtige Formen lokaler Infrastruktureinrichtungen sind Mehrgenerationenhäuser (vgl. Gerzer-Sass, 2011), Nachbarschaftshäuser, Mütterzentren, Familientreffs, Bürgerbüros sowie – in Baden-Württemberg stark entwickelt – lokale Anlaufstellen für Bürgerengagement (vgl. Teske, 2011). Sie sollen an dieser Stelle der Vollständigkeit halber erwähnt, jedoch nicht vertieft werden.

3.2.1 Freiwilligenagenturen

Freiwilligenagenturen sind lokale Einrichtungen zur Förderung des bürgerschaftlichen Engagements (vgl. Hartnuß, 2017a, S. 318). In der Praxis haben sie zum Teil unterschiedliche Bezeichnungen wie Freiwilligenzentren, Ehrenamtsbörsen, Engagementzentren und andere.

DEFINITION 3.6:

Freiwilligenagenturen sind „unabhängige, lokale Infrastruktureinrichtungen (...), die an der Schnittstelle zwischen engagementinteressierten Bürgerinnen und Bürgern, gemeinnützigen Organisationen, Politik, Verwaltungen und Unternehmen agieren und das zivilgesellschaftliche Engagement auf lokaler Ebene über Informations-, Beratungs-, Vermittlungs- und Qualifizierungsangebote, eine breite Öffentlichkeits- und Lobbyarbeit, die Entwicklung neuer Projekte und Engagementformen sowie den Ausbau einer umfassenden Anerkennungskultur fördern" (Ebert; Speck, 2011, S. 553).

Erste Freiwilligenagenturen entstanden in den 1980er-Jahren, z. B. in Berlin, München und Bremen. In der zweiten Hälfte der 1990er-Jahre setzte ein Gründungsboom ein. Hintergrund war der diagnostizierte Struktur- und Motivwandel im Ehrenamt, eine wachsende Nachfrage nach Engagement in gemeinnützigen Organisationen sowie ein von der Forschung beschriebenes unausgeschöpftes Potenzial engagementbereiter Bürger (vgl. Ebert; Speck, 2011, S. 554). Anfang der 2000er-Jahre wurden rund 190 Freiwilligenagenturen in Deutschland gezählt; derzeit sind es nach Angaben der Bundesarbeitsgemeinschaft der Freiwilligenagenturen (bagfa) über 500 Freiwilligenagenturen.

Träger von Freiwilligenagenturen sind Wohlfahrtsverbände, Kommunen, aber auch Zusammenschlüsse öffentlicher und freier Träger sowie eigenständige Vereine.

Zu den Kernaufgaben von Freiwilligenagenturen zählen (vgl. Ebert; Speck, 2011, S. 555 f.):

- die Information, Beratung und Vermittlung von Bürgern im Bereich des freiwilligen Engagements,
- die Beratung von Non-Profit-Organisationen und kommunalen Einrichtungen in Fragen der Engagementförderung,
- die Entwicklung von Engagementförderstrategien auf lokaler Ebene,
- die Realisierung engagementfördernder Projekte und Maßnahmen für verschiedene Zielgruppen (z. B. Jugendliche, Senioren, Arbeitslose, Migranten u. a.),
- die Entwicklung von Angeboten der Fort- und Weiterbildung im Bereich der Engagementförderung,
- die Förderung des gesellschaftlichen Engagements von Wirtschaftsunternehmen,
- die bereichsübergreifende Vernetzung von Akteuren und Organisationen vor Ort,
- die Etablierung einer gesellschaftlichen Kultur der Anerkennung, Würdigung und Wertschätzung bürgerschaftlichen Engagements sowie
- die Öffentlichkeits- und Lobbyarbeit.

X

In der Praxis unterscheiden sich die Freiwilligenagenturen zum Teil erheblich in ihrem Aufgabenprofil. Dies hängt nicht zuletzt mit ihrer höchst unterschiedlichen, auch personellen, Ausstattung zusammen.

Während ein Teil der Agenturen sich auf Information, Beratung und Vermittlung konzentriert, haben andere inzwischen ein deutlich breiteres Aufgabenprofil entwickelt, das u. a. Kooperationsprojekte mit Schulen und Jugendeinrichtungen, Projekte mit Wirtschaftsunternehmen, Qualifizierungsangebote für freiwillige und hauptberufliche Mitarbeiter sowie die Vernetzung im lokalen Gemeinwesen einschließt (vgl. Hartnuß, 2017a, S. 318).

HINWEIS:

Auf Bundesebene haben sich die Freiwilligenagenturen in der Bundesarbeitsgemeinschaft der Freiwilligenagenturen (bagfa) zusammengeschlossen. Darüber hinaus bestehen in fast allen Ländern Landesarbeitsgemeinschaften wie bspw. die lagfa Hessen.

Freiwilligenagenturen haben für ihre Arbeit eigene Qualitätsstandards und ein entsprechendes Qualitätsmanagement entwickelt. Sie haben sich vielerorts als breit aufgestellte und professionell agierende Vernetzungs- und Entwicklungsagenturen für bürgerschaftliches Engagement im Gemeinwesen etabliert (vgl. Hartnuß, 2017a, S. 318). Die nachhaltige Absicherung und Finanzierung vieler Freiwilligenagenturen sind allerdings noch ungeklärt und bleiben weiterhin eine große Herausforderung.

ÜBUNG 3.5:

Recherchieren Sie eine Freiwilligenagentur in der Nähe Ihres Heimatorts und beschreiben Sie ihr Tätigkeitsprofil.

3.2.2 Seniorenbüros

Seniorenbüros sind lokale Infrastruktureinrichtungen der Engagementförderung, die sich auf die besondere Zielgruppe älterer Menschen spezialisiert haben. Die Entstehung und Verbreitung von Seniorenbüros wurden durch ein Modellprogramm der Bundesregierung in den 1990er-Jahren initiiert.

DEFINITION 3.7:

„Seniorenbüros sprechen als Informations-, Beratungs- und Vermittlungsstellen für bürgerschaftliches Engagement in der nachberuflichen Lebensphase insbesondere Menschen ab 50 Jahren an." (Hinn, 2011, S. 543)

Seniorenbüros haben mit ihren Angeboten auf den Strukturwandel des Alters reagiert. Sie stehen für ein neues Altersbild, das vor allem die Chancen betont und die Potenziale und Ressourcen älterer Menschen in den Mittelpunkt stellt. Ihr Ziel ist es, attraktive Betätigungsfelder für Senioren aufzuzeigen, sie in ihrem Engagement zu unterstützen und ihre Kompetenzen zu stärken. Der Schwerpunkt von Seniorenbüros liegt daher auf der Aktivierung und Förderung der Selbstorganisation älterer Menschen. Dafür schaffen sie Gelegenheiten und die notwendigen Rahmenbedingungen (vgl. Hinn, 2011, S. 543). Seniorenbüros haben damit ein ähnliches Aufgaben- und Tätigkeitsprofil wie Freiwilligenagenturen. Es unterscheidet sich durch den klaren Fokus auf das Engagement von Senioren.

HINWEIS:

Seniorenbüros werden durch ihren Dachverband, die Bundesarbeitsgemeinschaft Seniorenbüros (BaS), begleitet und unterstützt. Nach eigenen Angaben waren 2008 über 260 Seniorenbüros bundesweit aktiv. 2,2 Millionen Menschen nutzen jährlich ihre Angebote (vgl. BaS, 2008).

In ihrer besonderen Rolle als Dachorganisation der Infrastruktureinrichtungen der Engagementförderung ist die BaS auch Mitglied in der Bundesarbeitsgemeinschaft der Seniorenorganisationen (BAGSO). Dies ist die wichtigste Lobbyorganisation älterer Menschen in Deutschland mit über 100 Mitgliedsverbänden. Die BAGSO vertritt die Interessen älterer Menschen gegenüber Politik, Wirtschaft und Gesellschaft.

Auch Seniorenbüros haben unterschiedliche Trägerschaften (Kommunen und Landkreise, Wohlfahrtsverbände, eigene Vereine, Seniorenvertretungen, Kirchengemeinden) und Finanzierungsformen. Meist werden sie durch Mischfinanzierung öffentlicher und freier Träger abgesichert, ergänzt durch Eigenmittel in Form von Mitgliedsbeiträgen, Sponsoring und Spenden. In Seniorenbüros sind hauptamtliche wie ehrenamtliche Mitarbeiter tätig. Die optimale Besetzung ist ein festes Team aus Haupt- und Ehrenamtlichen (vgl. Hinn, 2011, S. 543 ff.), weil auf diese Weise sowohl die erforderlichen organisatorischen und verwaltungstechnischen Aufgaben als auch die angemessene Ansprache der Zielgruppe optimal abgesichert werden können.

Im Zusammenhang mit der Gestaltung des demografischen Wandels kommt den Seniorenbüros eine wichtige gesellschaftliche Rolle zu. Sie stellen die Chancen und Potenziale einer älter werdenden Gesellschaft in den Mittelpunkt, bieten zivilgesellschaftliche Entwicklungsmöglichkeiten und stärken mit ihrer Arbeit die Solidarität zwischen den Generationen, gegenseitiges Verständnis und Toleranz. Sie sind eine wichtige Infrastruktur zur Engagementförderung und (Selbst-)Aktivierung älterer Menschen (vgl. Hinn, 2011, S. 550).

ÜBUNG 3.6:

Recherchieren Sie ein Seniorenbüro in Ihrer Nähe sowie dessen Aufgabenprofil und aktuelle Projekte.

3.2.3 Selbsthilfekontaktstellen

DEFINITION 3.8:

„Selbsthilfekontaktstellen sind eigenständige professionelle Beratungseinrichtungen mit hauptamtlichem Personal zur Anregung, Unterstützung, Beratung und Vernetzung von Selbsthilfeaktivitäten auf lokaler/regionaler Ebene.“ (Thiel, 2011, S. 530)

Sie stellen moderne Infrastrukturen zur Förderung gemeinschaftlicher Selbsthilfe dar und arbeiten auf Basis eines fach-, träger- und themenübergreifenden Konzepts, das von der Deutschen Arbeitsgemeinschaft Selbsthilfegruppen (DAG SHG), dem Dachverband der Selbsthilfegruppen in Deutschland, erarbeitet wurde (vgl. Thiel, 2011, S. 530).

Erste Kontakt- und Informationsstellen für Selbsthilfegruppen entstanden bereits in den 1970er-Jahren in einigen deutschen Großstädten. Mitte der 1980er-Jahre gab es einen Gründungsboom. Aber erst zwei groß angelegte Bundesmodellprogramme (Ende der 1980er-/Anfang der 1990er-Jahre in Westdeutschland und Mitte der 1990er-Jahre in Ostdeutschland) haben entscheidend zu ihrer Entwicklung und Etablierung beigetragen (vgl. Thiel, 2011, S. 530).

HINWEIS:

1984 wurde die Nationale Kontaktstelle zur Anregung und Unterstützung von Selbsthilfegruppen (NAKOS) gegründet. Sie ist als Einrichtung der DAG SHG übergreifender Ansprechpartner für die Belange von Selbsthilfegruppen und die Selbsthilfeförderung in Deutschland. Sie ist zugleich die bundesweite Vernetzungsinstanz im Bereich der gemeinschaftlichen Selbsthilfe. In allen Bundesländern gibt es zudem Landesarbeitsgemeinschaften (vgl. Thiel, 2011, S. 531).

Nach Angaben der NAKOS gab es 2016 an rund 340 Standorten in Deutschland professionelle Angebote zur Unterstützung gemeinschaftlicher Selbsthilfe, davon rund 300 Selbsthilfekontaktstellen. Die Mehrheit der Einrichtungen wird in freier Trägerschaft betrieben (z. B. durch Wohlfahrtsverbände oder eigenständige Vereine). Etwa ein Viertel wird durch einen öffentlichen, kommunalen Träger getragen (vgl. Thiel, 2011, S. 531).

> „Selbsthilfekontaktstellen arbeiten niedrigschwellig, kooperations- und netzwerkorientiert. Bereitgestellt werden Informationen, Infrastruktur (Gruppenräume, Arbeitsmittel), Unterstützungs- und Beratungsangebote. (…) Selbsthilfekontaktstellen stärken Selbstorganisation und Selbstverantwortung, Freiwilligkeit und Gegenseitigkeit sowie die gemeinschaftliche Problemlösungsfähigkeit und Interessenvertretung der Selbsthilfegruppenmitglieder. Sie sind Orte der Begegnung, der Beteiligung in eigener und gemeinsamer Sache und der Herausbildung von bürgerschaftlichem Engagement." (Thiel, 2011, S. 531).

Jenseits der Unterstützung von Gruppenaktivitäten übernehmen Selbsthilfekontaktstellen Orientierungs- und Wegweiserfunktion im Gesundheits- und Sozialsystem. Öffentliche Veranstaltungen und eigene Medien tragen zur Bekanntheit und Akzeptanz von Selbsthilfe bei. Zudem setzen sie sich auf politischer Ebene für die Verbesserung der Rahmenbedingungen und der finanziellen Förderung von Selbsthilfegruppen ein (vgl. Thiel, 2011, S. 532).

Die Selbsthilfeförderung basiert auf verschiedenen, meist allerdings nicht verbindlichen Grundlagen. Bund, Länder und Kommunen unterstützen den Selbsthilfebereich. Auch über die soziale Pflegeversicherung gibt es inzwischen Fördermöglichkeiten (vgl. Kapitel 2.2.3). Im Rahmen der gesetzlichen Krankenversicherung besteht seit 1996 für die Krankenkassen eine Verpflichtung zur Selbsthilfeförderung, die sich seit dem Jahr 2000 als Soll-Bestimmung auf Selbsthilfegruppen, -organisationen und -kontaktstellen bezieht (vgl. Thiel, 2011, S. 533 f.).

ÜBUNG 3.7:

Recherchieren Sie, was sich hinter den sogenannten „Grünen Adressen", „Roten Adressen" und „Blauen Adressen" verbirgt.

Zusammenfassung

Zivilgesellschaftliche Organisationen bilden einen wichtigen Rahmen für bürgerschaftliches Engagement. Auch wenn heute viele freiwillige Tätigkeiten in rechtlich unselbstständigen Kontexten (Projekte, Initiativen) erbracht werden, so findet die Mehrzahl allen bürgerschaftlichen Engagements doch immer noch in rechtlich formalen Organisationen wie insbesondere Vereinen, aber auch Verbänden, Stiftungen und Genossenschaften statt. Der Verein ist dabei die mit Abstand wichtigste Organisationsform. Die rechtlichen Grundlagen für die Arbeit der Organisationen finden sich im Vereinsrecht, im Stiftungsrecht, im Genossenschaftsrecht sowie im Spenden- und Gemeinnützigkeitsrecht.

Lokale Infrastruktureinrichtungen wie Freiwilligenagenturen, Seniorenbüros und Selbsthilfekontaktstellen haben sich vielerorts als wichtige Knotenpunkte der Engagementförderung in den Kommunen etabliert. Sie informieren, beraten und vermitteln im Bereich des ehrenamtlichen Engagements. Sie bieten Fort- und Weiterbildung, betreiben Öffentlichkeits- und Lobbyarbeit für das bürgerschaftliche Engagement, sie vernetzen und entwickeln Projekte der Engagementförderung vor Ort. Sie sind damit über die Vermittlungstätigkeit hinaus wichtige Entwicklungsagenturen bürgerschaftlichen Engagements in den Kommunen.

Aufgaben zur Selbstüberprüfung

AUFGABE 3.1:

Wiederholen Sie die wichtigsten rechtlich verfassten zivilgesellschaftlichen Organisationsformen. Beschreiben Sie kurz ihre wesentlichen Merkmale und nennen Sie die wichtigsten Rechtsbereiche, die für die Förderung bürgerschaftlichen Engagements in diesen Organisationen relevant sind.

AUFGABE 3.2:

Was sind die Aufgaben lokaler Infrastruktureinrichtungen der Engagementförderung?

AUFGABE 3.3:

Nennen Sie die drei wichtigsten Typen engagementfördernder Infrastruktureinrichtungen und ihre Dachorganisationen.

AUFGABE 3.4:

Wie ist die Arbeit von Seniorenbüros, Selbsthilfekontaktstellen und Freiwilligenagenturen finanziell abgesichert?

4 Methoden und Strategien der Engagementförderung

Das folgende Kapitel führt Sie in Methoden und Strategien der Engagementförderung ein. Nach der Bearbeitung kennen Sie Ansätze, wie es ganz praktisch möglich ist, Engagement wirkungsvoll zu fördern, Engagierte zu gewinnen und die Bedingungen in sozialen Einrichtungen und Diensten engagementfreundlich zu gestalten.

Dieses Kapitel kommt nicht umhin, zunächst noch einmal einen kritischen Blick auf das besondere Verhältnis von bürgerschaftlichem Engagement und Sozialer Arbeit zu richten. Hierbei lassen sich zwei unterschiedliche Diskurslinien unterscheiden. Einerseits scheint das Verhältnis von bürgerschaftlichem Engagement und Sozialer Arbeit häufig geprägt von Konkurrenz, Verdrängung, der Angst um Qualitätsverlust sowie dem Abbau von Standards und hauptamtlichen Stellen (vgl. Hamburger, 2011, S. 323 ff.).

Andererseits wird Engagementförderung verbunden mit Chancen zur Erweiterung des Leistungsspektrums sozialer Einrichtungen, der Ergänzung, Vitalisierung und Innovation der Angebote sozialer Organisationen. Diese Perspektive wird theoretisch im Konzept des *Wohlfahrtspluralismus* bzw. *welfare mix* (vgl. Evers; Olk, 1996) gefasst, bei dem Staat, Markt und Zivilgesellschaft jeweils spezifische Beiträge zu einer gemischten Wohlfahrtsproduktion leisten (vgl. Evers, 2010, S. 283). Engagierten Bürgern als Mitträgern zivilgesellschaftlicher Organisationen kommt dabei eine wichtige Rolle für die Erbringung sozialer Angebote und Leistungen zu.

Beide Perspektiven spielen in der Realität der Sozialen Arbeit eine Rolle. Sie sind nicht immer und ohne Weiteres miteinander vereinbar. In jedem Fall bedarf es hierzu einer grundlegenden Klärung und Positionierung in den Organisationen.

Es sei an dieser Stelle noch einmal daran erinnert, dass viele soziale Organisationen selbst bürgerschaftlicher Initiative entspringen (vgl. Kapitel 1), im Zuge ihrer Entwicklung durch Ausdifferenzierung und Professionalisierung diese Wurzeln aber weitgehend verloren haben. Als freie Träger und Mitgliederorganisationen sind sie gleichwohl Teil der Zivilgesellschaft und fußen in erheblichem Maße auf ehrenamtlichem Engagement. Insbesondere die größeren Verbände bemühen sich seit

Jahren um eine verstärkte Reorganisation bürgerschaftlichen Engagements auch im Bereich der Leistungserbringung und um eine engere Verzahnung von Mitglieder- und Dienstleistungsbereich. Hierfür wurden neue Leitbilder sowie Methoden und Strategien entwickelt. Dabei entstanden auch neue Handlungs- und sogar Berufsfelder, die mit bspw. Freiwilligenkoordinatoren und Freiwilligenmanagern weit in die Aufgabenfelder des Sozialmanagements hineinreichen.

Gleichwohl muss hier noch einmal festgehalten werden, dass in der Verhältnisbestimmung von Sozialer Arbeit und bürgerschaftlichem Engagement ein grundlegendes Theoriedefizit besteht (vgl. ausführlich Kapitel 2.2). Die Bemühungen zur Integration von Ehrenamt und Bürgerengagement in sozialen Einrichtungen und Diensten folgen häufig noch pragmatischen Erfordernissen und rein strategischen Überlegungen. Eine Theorie Sozialer Arbeit, die das Ehrenamt systematisch in ihrer Funktionsbestimmung und ihrem Selbstverständnis verortet, wäre nicht nur verdienstvoll, sie würde auch dazu beitragen, dass die Engagementförderung einen festen und selbstverständlichen Platz im Alltag von Einrichtungen und Diensten einnehmen würde.

Das folgende Kapitel stellt nun wichtige Ansätze, Strategien und Methoden vor, wie Engagementförderung in der Praxis sozialer Einrichtungen und Dienste angegangen werden kann.

4.1 Civic Education

Bürgerschaftliches Engagement ist ein wichtiges Element für den Zusammenhalt und den Bestand unserer Gesellschaft. Es ist jedoch nicht angeboren. Bereitschaft und Fähigkeit zur Beteiligung werden erlernt. Daher kommt der Erziehung und Bildung zum bürgerschaftlichen Engagement ein hoher Stellenwert im Rahmen der Engagementförderung zu.

Das folgende Kapitel basiert auf dem Eintrag zum Stichwort „Civic Education" im Fachlexikon der Sozialen Arbeit (vgl. Hartnuß, 2017b, S. 152 f.):

DEFINITION 4.1:

Civic Education steht für Erziehung und Bildung zum kompetenten, mündigen Bürger. Darin bündeln sich Ansätze der politischen Bildung, der Stärkung von Partizipation von Kindern und Jugendlichen, der demokratischen Gestaltung des Alltags in pädagogischen Einrichtungen sowie der Förderung von ehrenamtlichem Engagement.

Der aus dem angelsächsischen Raum stammende Begriff „Civic Education" zielt also auf die Entwicklung von Bereitschaft und Fähigkeiten zur Übernahme von Verantwortung für das Gemeinwesen und zur aktiven Beteiligung an der Gestaltung des sozialen, kulturellen und politischen Lebens. Leider gibt es bis heute keine angemessene deutschsprachige Übersetzung des Begriffs. Bezeichnungen wie etwa „Lernen durch Engagement", wie ihn die Freudenberg Stiftung treffend für ihr Programm des Service Learning gewählt hat, können die Vielfalt der mit Civic Education verbundenen Ansätze nicht hinreichend beschreiben (vgl. Hinweis auf S. 91).

Die Grundlagen bürgerschaftlicher Verhaltensdispositionen werden in der Kindheit und frühen Jugend gelegt. Daher ist es notwendig, Kindern und Jugendlichen schon frühzeitig Lern- und Erfahrungsräume bereitzustellen, um Engagementfelder und -formen kennenzulernen, selbst ein Engagement auszuprobieren, Engagementrollen einzuüben und soziale und bürgerschaftliche Kompetenzen zu erwerben (vgl. Hartnuß, 2017b, S. 152 f.).

Frühzeitige Engagement- und Demokratieförderung ist eine Aufgabe sowohl von Familien als auch den pädagogischen Institutionen und Einrichtungen. Die Jugendarbeit und die Jugendverbandsarbeit sind hierfür wichtige Orte. Sie sind in ihrem Kern auf Engagement und Partizipation angelegt und von jeher ein wichtiger Ort für das Erlernen und Einüben bürgerschaftlicher Kompetenzen und gesellschaftlicher Verantwortungsübernahme.

Aber auch der Schule kommt hierbei eine herausragende Bedeutung zu. Innovative Konzepte wie bspw. das Service Learning gehen hierfür neue Wege.

HINWEIS:

Service Learning ist ein Lehr-Lern-Prinzip. Es beinhaltet das Lernen gesellschaftlicher Verantwortung in Verbindung mit einer praxisorientierten Vermittlung von Wissens- bzw. Unterrichtsinhalten. Dies geschieht häufig in Zusammenarbeit mit außerschulischen Partnern. Das Service Learning trägt dadurch zu einer Öffnung der Schule hin zum Gemeinwesen bei. In Deutschland hat insbesondere die Freudenberg Stiftung zur Übertragung dieses aus den USA stammenden Ansatzes beigetragen. Unter www.servicelearning.de finden Sie ausführliche Informationen zum Programm „Lernen durch Engagement" der Stiftung.

Einem umfassenden, auch bürgerschaftliche Kompetenzen einschließenden Anspruch von Bildung kann Schule allein nicht gerecht werden. Notwendig ist ihre Öffnung für Kooperationen und Partnerschaften mit Akteuren und Einrichtungen der Zivilgesellschaft (vgl. Hartnuß et al., 2013, S. 9 ff.).

Bürgerschaftliches Engagement ist einerseits Bildungsfaktor und Bildungsziel, andererseits aber auch ein eigenständiger Bildungsort.

Engagement und die dabei stattfindenden informellen Bildungsprozesse, z. B. in Vereinen, Projekten und Initiativen, eröffnen Möglichkeiten für ein informelles Lernen in lebensweltlichen Zusammenhängen, für ein gemeinsames Lösen realer Probleme. Dies unterscheidet sich vom meist künstlichen Lernen in der Schule. In der aktuellen Debatte um ein modernes Bildungsverständnis gewinnt das informelle Lernen daher zunehmend an Bedeutung.

Soziale Einrichtungen und Dienste können sich dieser Aufgabe bewusst stellen, indem sie sich nicht nur für bürgerschaftliches Engagement öffnen und Freiwillige in die Aufgabenerfüllung einbinden. Sie können auch gezielt Lern- und Erprobungsmöglichkeiten für junge Menschen anbieten und dabei mit anderen Institutionen und Einrichtungen (bspw. Schulen) Kooperationen eingehen. Mögliche konkrete Ansätze hierfür sind Sozialpraktika, Seitenwechselprojekte (Schüler oder auch Erwachsene wechseln für eine bestimmte Zeit die Seite und werden in sozialen Einrichtungen tätig) oder eben auch das Service Learning.

ÜBUNG 4.1:

Überlegen Sie sich Beispiele dafür, wie und wo junge Menschen Engagement und Beteiligung erlernen können.

4.2 Freiwilligenmanagement

Der Strukturwandel im bürgerschaftlichen Engagement (vgl. Kapitel 1.3) hat große Auswirkungen auf die Organisationen der Zivilgesellschaft. Verbände, Vereine sowie soziale Einrichtungen und Dienste müssen sich auf veränderte Motive und Erwartungen Engagierter einstellen und passgenaue Rahmenbedingungen hierfür gestalten. Der Aufbau und die Implementierung eines strategischen Freiwilligenmanagements bieten hierfür gute Möglichkeiten. Als integraler Bestandteil der Organisationsentwicklung zielt das Freiwilligenmanagement auf die Schaffung einer eigenen Freiwilligenkultur, die Engagierte zur ehrenamtlichen Mitarbeit einlädt und haupt- und ehrenamtlich Tätige in ein kooperatives Miteinander auf Augenhöhe bringt (vgl. Kegel, 2011, S. 595).

Die bewusste und gezielte Koordinierung freiwilligen Engagements steht bislang noch selten im Mittelpunkt des Managements sozialer Organisationen. Sie beschäftigen sich meist nur partiell mit dieser Frage. Häufig sind akute Bedarfe an ehrenamtlicher Unterstützung oder aber konkrete Probleme in der Zusammenarbeit von Haupt- und Ehrenamt hierfür der Auslöser. Hinzukommt, dass es nach wie vor an grundständigem Wissen über freiwilliges Engagement mangelt, denn zivilgesellschaftliche Themen sind auch im Jahr 2017 nicht verbindlich in den Curricula sozialpädagogischer Ausbildungsgänge verankert. Allerdings hat das Thema im Bereich der Fort- und Weiterbildung in den vergangenen Jahren spürbar an Relevanz gewonnen.

DEFINITION 4.2:

„Unter Freiwilligenmanagement wird die Planung, Organisation, Koordination und Aus- und Bewertung von freiwilligem Engagement bzw. von Freiwilligenarbeit in einer Organisation verstanden" (Kegel, 2011, S. 598). Ziel ist die Entwicklung und Sicherung von nachhaltig förderlichen, engagementfreundlichen Rahmenbedingungen in einer Organisation.

Dies erfordert ein klares Bekenntnis der Führungsebene (Vorstand und/oder Geschäftsführung) zur Engagementförderung, die Entwicklung eines gemeinsamen engagementfreundlichen Leitbilds der Organisation und die Schaffung entsprechender Rahmenbedingungen, Unterstützungssysteme sowie Qualitätskriterien. Hierfür ist es letztlich auch erforderlich, ein angemessenes Budget zu Verfügung zu stellen (vgl. Kegel, 2011, S. 598).

Freiwilligenmanagement lässt sich nicht auf die Bearbeitung aktueller Probleme im Alltag einer Organisation reduzieren, denn es berührt ihre grundlegenden Managementbereiche. Hierzu gehören (vgl. Kegel, 2011, S. 597):

- der Systembereich (Organisationsaufbau, Ablauforganisation, Qualitätsmanagement, Willensbildung und Außendarstellung, Führung),
- das Marketing (Positionierung auf dem Markt des Dritten Sektors, Öffentlichkeitsarbeit, Werbung),
- das Ressourcen-Management (Mitglieder, Mitarbeitende, Qualifizierung, Wissensmanagement, Personalwesen, Mittelbeschaffung, Fundraising).

In all diesen Bereichen muss das Freiwilligenmanagement mitgedacht und strategisch weiterentwickelt werden. Denn strategisches Management umfasst die Ausrichtung der gesamten Organisation auf übergeordnete Ziele, in diesem Fall auf die nachhaltige Förderung bürgerschaftlichen Engagements.

Strategisches Freiwilligenmanagement umfasst daher ganz unterschiedliche Aufgabenbereiche. Hierzu gehören insbesondere (vgl. Kegel, 2011, S. 601 ff.):

- eine möglichst präzise Bedarfseinschätzung an freiwilligen Mitarbeitern,
- eine dementsprechende Programmentwicklung für freiwilliges Engagement,
- die Aufgabenentwicklung und Beschreibung von Engagementmöglichkeiten (nützlich für die Organisation, den Wünschen der Engagierten entsprechend),
- ggf. die Erstellung von Tätigkeitsprofilen,
- die Klärung von Aufgaben und Zuständigkeiten sowie die Abgrenzung zwischen Haupt- und Ehrenamt,
- die Anwerbung und Gewinnung von Freiwilligen (Öffentlichkeitsarbeit, Werbekampagnen, Kooperation mit Freiwilligenagenturen, Nutzung von Internet und Social Media),
- die Einführung neuer Engagierter, Erstgespräche,
- Orientierungshilfen und Einarbeitung der Freiwilligen,
- die Benennung von Ansprechpartnern und Verantwortlichen,
- die Begleitung, Unterstützung und Motivation der Engagierten,
- ihre Einbindung in organisationsinterne Kommunikationsstrukturen,
- die Bearbeitung von auftretenden Konflikten in der Zusammenarbeit von Haupt- und Ehrenamt,
- die Entwicklung von passgenauen Angeboten der Fort- und Weiterbildung für Engagierte,
- Qualifizierung von Hauptamtlichen für die Zusammenarbeit mit den Engagierten,
- die Entwicklung und Sicherung von Qualitätsstandards im Freiwilligenmanagement sowie
- der Aufbau eines Systems und einer Kultur der Anerkennung, Würdigung und Wertschätzung freiwilligen Engagements.

Die Vielzahl der Aufgaben des strategischen Freiwilligenengagements lässt sich in einer Organisation nicht nebenbei erledigen. Hierfür braucht es klare Zuständigkeiten, geschultes und kompetentes hauptamtliches Personal sowie angemessene finanzielle Ressourcen.

Hierbei ist es sinnvoll, zwischen der Ebene von Einrichtungen und Vereinen einerseits und der übergreifenden verbandlichen Ebene andererseits zu unterscheiden: In der Arbeit von sozialen (und auch anderen gemeinnützigen) Einrichtungen und Diensten werden diese Aufgaben häufig von sogenannten Freiwilligenkoordinatoren übernommen, die sich ganz praktisch um die Einbindung freiwillig Engagierter in diesem Sinne kümmern (vgl. Kegel, 2011, S. 607). Hierfür gibt es je nach Größe der Einrichtung unterschiedliche Modelle. Nicht immer kann und muss hierfür eine eigene Stelle geschaffen werden. Entscheidend ist jedoch, dass es klare personelle Verantwortungsstrukturen gibt.

Auf übergeordneter und verbandlicher Ebene werden hierfür zunehmend Freiwilligenmanager eingesetzt, die für die Entwicklung eigener Engagementstrategien und ihre Implementierung im Verband zuständig sind (vgl. Kegel, 2011, S. 607). Ansätze und Methoden des Freiwilligenmanagements sind nicht völlig neu, sondern gehören zum Teil zu den Traditionen sozialer Organisationen. Neu ist jedoch die klare strategische Verankerung im Kontext von Organisationsentwicklung. In diesem Sinne wurde dieser in den USA entwickelte Managementansatz Mitte der 1990er-Jahre von der Akademie für Ehrenamtlichkeit übernommen, auf die deutschen Verhältnisse der Zivilgesellschaft übertragen und seither mit eigenen Qualifizierungsangeboten in der Praxis gefördert (vgl. Kegel, 2011, S. 607). Inzwischen beginnt sich für diese Aufgabe ein eigenes Berufsbild zu entwickeln.

HINWEIS:

Die Akademie für Ehrenamtlichkeit e. V. mit Sitz in Berlin bietet Qualifizierung sowie einen eigenständigen Ausbildungsgang zum Freiwilligenmanager an.

ÜBUNG 4.2:

Welche zentralen Managementebenen sind beim Freiwilligenmanagement berührt?

ÜBUNG 4.3:

Welchen Stellenwert würden Sie dem Freiwilligenmanagement für das Management sozialer bzw. Non-Profit-Organisationen (Sozialmanagement) beimessen?

ÜBUNG 4.4:

Wo können Sie Unterstützung und Qualifizierungsangebote zum Thema Freiwilligenmanagement finden?

4.3 Organisationsentwicklung

In den bisherigen Ausführungen ist deutlich geworden, dass sich wirksame Engagementförderung nicht auf einzelne Maßnahmen und Ansätze beschränken lässt, sondern vielmehr einen zivilgesellschaftlich orientierten Umbau der gesamten Organisation erfordert. Aus diesem Grund ist die entscheidende Frage, ob es nachhaltig gelingt, die Engagementförderung in Prozessen der Organisationsentwicklung zu verankern.

DEFINITION 4.3:

Organisationsentwicklung zielt auf Veränderungen von Organisationen als soziale Systeme ab. Sie bezieht dabei alle unterschiedlichen Ebenen der Organisationen ein. Organisationsentwicklung ist ein Prozess. Es geht um gemeinsam erarbeitete und anhaltende systematische Bemühungen zur Verbesserung der Kultur einer Organisation mit ihren menschlichen und sozialen Prozessen, zur Steigerung ihrer Leistungs- und Lebensfähigkeit. Dabei fließen die Ziele der Organisation als Ganzes ein wie die ihrer Mitglieder. Organisationsentwicklung setzt stets an den bestehenden Strukturen und der vorgefundenen Kultur einer Organisation an (vgl. Kegel, 2011, S. 599; French; Bell, 1994, S. 8).

Bei der Organisationsentwicklung müssen die Geschichte der Organisation, ihre rationale Struktur, externe Veränderungen im nahen Umfeld sowie grundsätzliche gesellschaftliche Veränderungen, die auf sie einwirken, berücksichtigt werden (vgl. Sprengel, 2011, S. 648 ff.).

Will sich eine Organisation nachhaltig für bürgerschaftliches Engagement öffnen, ist die Entwicklung einer zivilgesellschaftlichen Kultur hierfür die Schlüsselfrage. Freiwillige suchen in ihrem Engagement nach Sinn, sie wollen dabei gute soziale Beziehungen finden und Gemeinschaft erleben, sie wollen helfen und Verantwortung übernehmen, sich persönlich entwickeln und für ihr Engagement Wertschätzung und Anerkennung erfahren (vgl. Kapitel 1.3.1). Soziale Organisationen sind ihrerseits in zunehmendem Maße auf die freiwillige Mitwirkung der Bürger bei der Erfüllung ihrer Aufgaben angewiesen. Dies betrifft zudem ihre eigene Identität sowie auch ihre Konkurrenzfähigkeit gegenüber anderen Organisationen (vgl. Kapitel 1.3.2).

Eine Organisationsentwicklung, die sich auf eine Kultur der Freiwilligkeit und Mitwirkung bezieht, erfordert die Erarbeitung eines gemeinsamen Leitbilds, das bürgerschaftliches Engagement als integralen und unverzichtbaren Bestandteil der Organisation versteht. Hierfür müssen Möglichkeiten der Mitwirkung und Partizipation geschaffen sowie kooperative Organisations- und Führungsstrukturen etabliert werden. Letztlich geht es um die Profilbildung bzw. -schärfung der Organisation als Akteur der Bürgergesellschaft und die dafür erforderliche innere und äußere Öffnung (vgl. Enquete-Kommission, 2002, S. 19).

Vereinfacht gesagt: Kultur, Strukturen, Abläufe und Prozesse der Organisation müssen so verändert werden, dass bürgerschaftliches Engagement im Arbeitsalltag ermöglicht, gefördert, begleitet, unterstützt und nicht behindert wird (vgl. Kegel, 2011, S. 599).

Organisationsentwicklung für bürgerschaftliches Engagement zielt also insbesondere auf folgende Punkte ab (vgl. Kegel, 2011, S. 600):

- den Aufbau einer die gesamte Organisation durchdringenden Freiwilligenkultur,
- die Positionierung der jeweiligen Organisation oder Einrichtung als Trägerorganisation bürgerschaftlichen Engagements sowie
- die Entwicklung eines Systems des Freiwilligenmanagements zur Gewinnung und Unterstützung freiwillig Engagierter und einer effektiven Kooperation von Haupt- und Ehrenamt auf Augenhöhe.

Organisationsentwicklung erfordert den Willen und die Einbeziehung aller Ebenen. Insbesondere die Führungsebene muss diesen Prozess positiv begleiten und unterstützen. Als einzelner Mitarbeiter allein können Sie keine Veränderung der Organisationskultur bewirken, wohl aber den Anstoß hierfür geben. Organisationen können sich auf diesem Weg externe Beratung und Unterstützung holen. Intensive Kommunikation, Verständigung auf gemeinsame Ziele und Maßnahmen sind hierbei jedoch unerlässlich.

Netzwerke (vgl. Rüttgers 2011, S. 513 ff.) auf lokaler und überörtlicher Ebene, bereichsbezogen wie bereichsübergreifend, können diese Entwicklungen wirkungsvoll begleiten und unterstützen. Hierfür müssen Organisationen spezifische Kompetenzen des Netzwerkmanagements entwickeln (vgl. Röbke, 2011, S. 61 ff.).

ÜBUNG 4.5:

Überlegen Sie, was Organisationsentwicklung bezogen auf eine Kultur der Freiwilligkeit bedeutet. Könnten Sie als Mitarbeiter einer sozialen Organisation eine solche Entwicklung allein umsetzen?

4.4 Anerkennungskultur

Die Anerkennung der Leistung bürgerschaftlich Engagierter ist ein entscheidendes Element der Engagementförderung. Sie bringt nicht nur Dank und Wertschätzung zum Ausdruck, sondern macht deutlich, dass das Engagement gesellschaftlich positiv gesehen wird.

Anerkennung ist das vielleicht wichtigste Äquivalent, mit dem bürgerschaftliches Engagement sozusagen entlohnt wird. Mit Formen der Anerkennung wird den Engagierten vor allem Ehre, Ansehen und Prestige zuteil (vgl. Enquete-Kommission, 2002, S. 268). Auch in empirischen Untersuchungen wird immer wieder deutlich, dass für Engagierte die Anerkennung ihres freiwilligen Tuns und ihrer Leistungen große Bedeutung hat (vgl. Kapitel 1.3). Anerkennung kann daher als ein wichtiger Garant dafür angesehen werden, dass Motivation und Bereitschaft zum Engagement erhalten bleiben.

Zivilgesellschaftliche Organisationen haben sich ebenso wie Kommunen, Länder und Bund die Frage zu stellen, wie sie das bürgerschaftliche Engagement wirkungsvoll anerkennen, würdigen und wertschätzen können.

> „Das zentrale Element von Anerkennung besteht darin, dass sie den engagementbereiten Bürgerinnen und Bürgern glaubhaft deutlich macht, dass es wirklich auf sie ankommt und dass ihr Beitrag zur Gesamtleistung einer Organisation oder zum Erfolg eines Vorhabens bedeutsam ist.“ (Olk, 2001, S. 21)

Wirkungsvolle Anerkennung muss an den individuellen Wünschen und Bedürfnissen der Engagierten ansetzen (vgl. Kapitel 1.3.1). Sie benötigt einen realen Alltagsbezug in den Organisationen und muss die Lebenswelt der Engagierten berücksichtigen (vgl. Wezel, 2011, S. 635). Es gibt nicht die einzig richtige Form der Anerkennung, denn nicht für jeden Engagierten ist dieselbe Art der Würdigung angemessen.

> In puncto Anerkennung ist „eine breit angelegte Palette von Maßnahmen und Instrumenten zu einer nachhaltigen Würdigung, Anerkennung und Ermutigung bürgerschaftlichen Engagements, die damit zur besseren öffentlichen Darstellung, Beachtung und Wertschätzung in der Gesellschaft beitragen" (Olk, 2001, S. 13) kann, gefragt.

Es geht bei Anerkennung also um ein Bündel unterschiedlichster Ansätze und Instrumente, das permanent weiterzuentwickeln ist und Vielfalt, Phantasie sowie Kreativität erfordert. Es geht zugleich um eine grundlegende Haltung in Organisationen, Institutionen und bei Entscheidungsträgern, die den gesellschaftlichen Stellenwert des Engagements zum Ausdruck bringt (vgl. Wezel, 2001, S. 635 f.).

> Die enge Verschränkung individueller Formen der Würdigung, der engagementfreundlichen Haltung von Organisationen und einer gesamtgesellschaftlichen Positionierung zum freiwilligen Engagement macht zusammen eine Kultur der Anerkennung aus.

Anerkennung bzw. eine Anerkennungskultur kann unterschiedliche Formen annehmen und verschiedene Instrumente nutzen. Im Folgenden werden beispielhaft die wichtigsten Formen und Instrumente benannt (vgl. Enquete-Kommission, 2002, S. 268 f. und Wezel, 2011, S. 636 ff.):

- **immaterielle Formen der Anerkennung:**
  - Danksagungen (z. B. Dankeschön im Alltag, Dankeschön-Veranstaltungen, Ehrenamtsempfänge)

S. 18

- Aufmerksamkeiten (z. B. Gratulation zu Geburtstagen und Jubiläen)
- Auszeichnungen und Ehrungen (z. B. in Form von Medaillen, Plaketten, Ehrennadeln, Orden, Preisen und Wettbewerben)
- Ehrenmitgliedschaften
- Dienstränge (z. B. bei der Freiwilligen Feuerwehr)

- **geldwerte Formen der Anerkennung:**
  - Zertifizierungen, Engagement- und Kompetenznachweise
  - Freistellungen, bezahlter Sonderurlaub, Bildungsurlaub
  - kostenlose Verpflegung bei Veranstaltungen
  - Berücksichtigung des Engagements bei der Vergabe von Kitaplätzen, Studienplätzen, Wohnheimplätzen
  - kostenlose oder ermäßigte Nutzung des ÖPNV, von Kultur- und Freizeiteinrichtungen
  - Jugendleiter-Card (Juleica, im Bereich Jugendarbeit)
  - Ehrenamtskarten (von Kommunen und Ländern, verbinden symbolische Anerkennung mit Vergünstigungen)
  - Sponsorenleistungen von Unternehmen (z. B. vergünstigte oder kostenlose Dienstleitungen und Waren für Engagierte)

- **monetäre Formen der Anerkennung:**
  - monetäre Vergütungen (geringfügige Entgelte, Taschengeld in Freiwilligendiensten)
  - Aufwandsentschädigungen (Erstattung realer Kosten für Fahrten, Porto, Telefon)
  - pauschale Aufwandsentschädigungen
  - Entgeltzahlungen, stundenweise Entlohnung von Engagement (zum Teil über dem Mindestlohn)
  - Steuerbefreiung von Aufwandsentschädigungen (Übungsleiterpauschale, allgemeine Ehrenamtspauschale)
  - Beitragszahlungen für Haftpflicht- und Unfallversicherungen
  - finanzielle Förderung eigenständiger Projekte und Vorhaben von Engagierten

EXKURS: MONETARISIERUNG IM BÜRGERSCHAFTLICHEN ENGAGEMENT

Kein Freiwilliger sollte zusätzlich zu seinem Engagement Geld mitbringen müssen. Die Erstattung realer Aufwendungen sollte wo immer möglich und gewünscht durch die Organisationen abgesichert sein. In die Engagemenförderung haben in den vergangenen Jahren allerdings vermehrt monetäre Formen des Anreizes bzw. der Motivation und Anerkennung bürgerschaftlichen Engagements Einzug gehalten.

Der Einsatz von Geld und Bezahlung hat weitreichende Auswirkungen auf die Motivation und das Selbstverständnis von Engagierten. Er verändert das Organisationsgefüge, verschärft die Konkurrenz um Engagierte zwischen Organisationen und birgt die Gefahr eines Niedriglohnsektors in der Sozialen Arbeit. Monetäre Formen der Anerkennung sind in ihren problematischen Folgewirkungen daher ernst zu nehmen, und ihr Einsatz sollte in sozialen Einrichtungen wohl überlegt werden (vgl. Staatskanzlei Rheinland-Pfalz, Bundesnetzwerk Bürgerschaftliches Engagement, 2015).

„Was spricht gegen die Monetarisierung?

- Geldzahlungen über den Ersatz von Auslagen hinaus haben Auswirkungen auf den Eigensinn, die Selbstbestimmtheit des Engagements.
- Dies ist mit Veränderung von Motivationslagen verbunden.
- Bezahlung führt zu Gewöhnungseffekten und hat Ausstrahlung auf andere Engagements. Erwartungshaltungen werden befördert und verfestigen sich.
- Mit Monetarisierung verbundene ökonomische Logiken können zivilgesellschaftliche Haltungen wie Gemeinsinn und gesellschaftliche Verantwortung zersetzen oder beschädigen.
- Es entstehen durch Geldzahlungen neue Abhängigkeiten von Engagierten gegenüber ihren Organisationen.
- Geldzahlungen verstärken die ohnehin bestehenden Ungleichheiten im Feld. Längst nicht alle Engagierten erhalten Entlohnungen.

- Es entstehen zudem neue Konkurrenzen zwischen Organisationen, die Geldzahlungen bieten und solchen, die dies nicht können. Damit wächst die Kluft zwischen bezahltem und unbezahltem Engagement.
- Innerhalb der Organisationen gibt es neue Managementaufgaben. Es wird zunehmend schwieriger, Hauptamt, Ehrenamt mit und ohne Entlohnung und Freiwilligendienste zu koordinieren, zumal zum Teil gleiche Aufgaben erbracht werden.
- Unter dem Deckmantel des Ehrenamtes könnte – so die Kritik – ein neuer Billiglohnsektor vor allem im sozialen Bereich entstehen.
- Bürgerschaftliches Engagement gerät mit zunehmender Monetarisierung in die Nähe von Erwerbsarbeit. Damit wird das Wesen des Engagements unkenntlich. Es verbinden sich damit zudem zahlreiche ungeklärte arbeits- und sozialrechtliche Fragen." (Hartnuß, 2016, S. 3 f.)

Natürlich werden in der aktuellen Debatte auch Argumente für monetäre Anreize ins Feld geführt. So wird immer wieder betont, dass es gesellschaftliche Herausforderungen und Problemlagen gibt, die ein verlässliches Engagement wie bspw. in den Bereichen Pflege, Demenz, demografischer Wandel, Versorgungsstrukturen im ländlichen Raum etc. erfordern. Gerade diese benötigten verbindlichen und verlässlichen Engagements seien nur durch Bezahlung möglich. Zudem könne Entlohnung neue Zugänge zum bürgerschaftlichen Engagement für benachteiligte Menschen in prekären Lebenslagen eröffnen. Dadurch könnten bestehende Ungleichheiten im Engagement ausgeglichen werden.

Nicht zuletzt gibt es den Verweis auf eine zunehmende Altersarmut. Viele Menschen wollen sich ehrenamtlich engagieren, sind aber auf einen Zuverdienst angewiesen, um ihren Lebensunterhalt zu bestreiten. All diese Argumente sind ebenfalls ernst zu nehmen.

Dennoch bleibt festzuhalten: Geld und Bezahlung können das Selbstverständnis und den Eigensinn des bürgerschaftlichen Engagements nachhaltig verändern. Notwendig ist daher ein reflektierter, sensibler Umgang mit monetären Formen der Anerkennung in sozialen Organisationen und Einrichtungen, der ihre Auswirkungen und Folgen kritisch in den Blick nimmt. Dies gilt umso mehr, als ein solcher Trend und eine weitere Verstärkung nicht ohne weiteres umkehrbar sind (vgl. Hartnuß, 2016, S. 3 f.).

- **Qualifizierung als Anerkennung:** (vgl. ausführlich Kapitel 4.5)
  - Qualifizierungsangebote für Engagierte (Schlüsselqualifikationen, themenspezifische Qualifizierungen etc.)
  - Qualifizierungen für Hauptamtliche (z. B. zum Freiwilligenmanagement)
  - Nachweise, Zertifizierungen
- **gesellschaftliche Formen der Anerkennung:**
  - Berichterstattung über bürgerschaftliches Engagement in Presse und Medien
  - öffentliche Kampagnen
  - engagementfreundliche Organisationsentwicklung (vgl. Kapitel 4.3)
  - Schaffung von Anlaufstellen in Kommunalverwaltungen
  - Förderung engagementfördernder Infrastruktureinrichtungen (vgl. Kapitel 3.2)
  - Netzwerke auf kommunaler Landes- und Bundesebene
  - empirische Forschung zum bürgerschaftlichen Engagement

ÜBUNG 4.6:

Nennen Sie Beispiele, wie soziale Einrichtungen, Kommunen und Länder bürgerschaftliches Engagement in der Praxis anerkennen und würdigen.

4.5 Qualifizierung

Freiwillig Engagierte bringen häufig grundlegende Kenntnisse, Fähigkeiten und Erfahrungen in ihr Engagement ein und verfügen somit also über eine gute Grundqualifikation. Gleichwohl gibt es in vielen Feldern bürgerschaftlichen Engagements spezielle Anforderungen, für die sich Engagierte erst noch qualifizieren müssen. Dies gilt etwa für die Telefonseelsorge, die Hospizarbeit oder die Arbeit in den Hilfs- und Rettungsdiensten. Unabhängig davon aber ist es vielen Engagierten zudem ein großes Bedürfnis, sich in der und für die ehrenamtliche Tätigkeit weiterzubilden (vgl. Hartnuß; Kegel, 2011, S. 631 f.).

Bürgerschaftliches Engagement ist selbst ein Bildungsort. Im freiwilligen Tun finden informelle Lernprozesse in lebensweltlichen Zusammenhängen statt. Dies ist insbesondere für junge Menschen interessant und die aktuelle Diskussion um ein erweitertes Bildungsverständnis hat diese Dimension von Lernen im Engagement aufgegriffen (vgl. Hartnuß et al., 2013).

> **!** Bei Qualifizierung geht es meist um non-formale Bildungsprozesse, die in Form von Angeboten der Fort- und Weiterbildung gezielt und in einem organisierten Rahmen die Vermittlung und Aneignung von Wissen, Kenntnissen und Fähigkeiten ermöglichen. Qualifizierung ist eine besondere Form der Anerkennung und Wertschätzung bürgerschaftlichen Engagements durch die Organisationen, in denen bzw. für die sie tätig sind (vgl. Hartnuß; Kegel, 2011, S. 631 f.).

Qualifizierung knüpft an das Bedürfnis der Engagierten nach Selbstentfaltung, Mitgestaltung und Persönlichkeitsentwicklung an (vgl. Enquete-Kommission, 2002, S. 21). Sie ist wichtiger Teil einer engagementfreundlichen Organisationsentwicklung (vgl. Kapitel 4.3).

Es lassen sich verschiedene **Formen der Qualifizierung** für Engagierte unterscheiden. Hierzu gehören insbesondere (vgl. Hartnuß; Kegel, 2011, S. 626):

- Einarbeitungshilfen/-angebote (z. B. Einführungs- und Schnupperkurse, Vorbereitungskurse und Fortbildungen für Einsteiger)

- inhaltlich-arbeitsfeldbezogene und praxisbegleitende Angebote (z. B. *Training on the job*, Coaching, Feedbackgespräche)
- kooperationsbezogene praxisbegleitende Angebote (Teamtrainings, Mentoring, Supervision)
- informelle Angebote für Engagierte (Erfahrungsaustausch, Projekttreffen, Diskussionsrunden, Informationsbörsen)
- Materialien zur selbstständigen Fortbildung (Fachliteratur, Handbücher, Fachzeitschriften, Verbandszeitschriften, Arbeits- und Praxishilfen etc.)
- verbandliche und überverbandliche Fortbildungen (Seminare, Kurse, Workshops, Fachtagungen, Ausbildungsgänge)

Gegenstand und Inhalt von Qualifizierungen sind so vielfältig wie das Engagement selbst. Das Spektrum reicht von Schlüsselqualifikationen über Fragen der Organisation und des Managements von Einrichtungen bis hin zu den unterschiedlichsten fachspezifischen Themen, die für die jeweilige Tätigkeit gebraucht werden. (vgl. Hartnuß; Kegel, 2011, S. 627).

Träger und Anbieter von Qualifizierungen sind die Vereine und Einrichtungen, in denen sich die Bürger engagieren. Aber auch Verbände, Stiftungen, Bildungsstätten und Bildungswerke, Volkshochschulen, Akademien von Trägern sowie kommunale Infrastruktureinrichtungen der Engagementförderung (Freiwilligenagenturen, Seniorenbüros, Selbsthilfekontaktstellen) übernehmen diese Aufgabe (vgl. Hartnuß; Kegel, 2011, S. 629). Zudem gilt es, Qualifizierung auch für die hauptamtlichen Mitarbeiter sicherzustellen, um sie bspw. für die Zusammenarbeit mit Freiwilligen zu schulen (Freiwilligenmanagement, vgl. Kapitel 4.2).

> Angebote zur Qualifizierung vermitteln Engagierten Kenntnisse und Fähigkeiten, die sie zu ihrer Aufgabenerfüllung benötigen. Sie müssen jedoch nicht ausschließlich dem jeweiligen Engagementfeld zugutekommen, sondern können darüber hinaus auch der persönlichen Entwicklung oder dem beruflichen Fortkommen dienen. Qualifizierung stellt gleichermaßen Anreiz, Motivation und Anerkennung für das Engagement dar.

ÜBUNG 4.7:

Recherchieren Sie unterschiedliche Qualifizierungsangebote für freiwillig Engagierte von Wohlfahrtsverbänden.

4.6 Öffentlichkeitsarbeit

Eine gezielte Öffentlichkeitsarbeit kann den Bekanntheitsgrad bürgerschaftlichen Engagements erhöhen, Transparenz über Möglichkeiten der Mitwirkung in Organisationen erhöhen sowie Akzeptanz und Interesse an einer freiwilligen oder ehrenamtlichen Betätigung fördern. Dies gelingt umso besser, wenn Organisationen sich hierbei für eine strategische, aktive Gestaltung entscheiden und ein Gesamtkonzept für die Öffentlichkeitsarbeit erstellen (vgl. Schaaf-Derichs, 2011, S. 677). Dies eröffnet zugleich ein spezielles Anwendungsfeld für die Kommunikationspolitik und das Marketing sozialer Organisationen.

Zentrale **Anliegen** einer Öffentlichkeitsarbeit für bürgerschaftliches Engagement sind (vgl. Schaaf-Derichs, 2011, S. 673):

- die Erhöhung der öffentlichen Wahrnehmung des bürgerschaftlichen Engagements,
- die Vermittlung seiner gesellschaftlichen Bedeutung,
- das Aufzeigen des Werts bürgerschaftlichen Engagements für die Engagierten,
- die Information über Vielfalt und Formen des Engagements,
- die Herstellung von Bezügen zwischen bürgerschaftlichem Engagement und aktuellen gesellschaftlichen Entwicklungen,
- die Ermöglichung von Einblicken in die Welt des bürgerschaftlichen Engagements sowie
- das Anstoßen von Veränderungen und Entwicklungen im Feld der Engagementförderung.

Die Öffentlichkeitsarbeit ist dabei auf verschiedene **Zielgruppen** gerichtet. Hierzu gehören Presse und Medien, Geldgeber und Förderer, potenzielle Freiwillige, andere

Organisationen (Mittlerorganisationen, Partner, Netzwerke) sowie nicht zuletzt die Mitarbeiter der eigenen Organisation (vgl. Schaaf-Derichs, 2011, S. 675).

Hierfür steht eine Reihe unterschiedlicher **Instrumente** zur Verfügung. Zu diesen gehören insbesondere (vgl. Schaaf-Derichs, 2011, S. 680 ff.):

- Pressearbeit (Pressemitteilungen, Kontaktaufnahme zur Presse und Aufbau eines Presseverteilers, Erstellung einer Pressemappe mit Basisinformationen zum bürgerschaftlichen Engagement in der Organisation),
- eigene Printpublikationen (Info- und Faltblätter, Broschüren, Plakate zum Thema bürgerschaftliches Engagement),
- Internetportale mit Informationen zum bürgerschaftlichen Engagement (eigene, verbandliche, überregionale, Netzwerk-, Landes-, Bundes- und kommunale Portale),
- Social Media (Facebook, Twitter, Instagram etc.)
- TV-Spots, Videos (ggf. in Kooperation mit öffentlichen oder privaten Sendeanstalten),
- Fotografie (Ausstellungen, Kalender, Fotobücher),
- Messen, Kampagnen für das bürgerschaftliche Engagement (Freiwilligenbörsen, Freiwilligentage, Aktionswochen),
- Events im bürgerschaftlichen Engagement (Empfänge, Galas, Get-together),
- Wettbewerbe und Preisverleihungen.

Eine intensive, gestaltende Öffentlichkeitsarbeit stößt in der Praxis häufig aufgrund mangelnder Ressourcen an ihre Grenzen, schließlich sind hierfür finanzielle und personelle Ressourcen erforderlich. Wird die Engagementförderung allerdings als integraler Bestandteil der Organisationsentwicklung verstanden, lässt sich der Zusammenhang zwischen der nach innen gerichteten Aufmerksamkeit für diese Aufgabe und der nach außen gerichteten Öffentlichkeitsarbeit leichter herstellen. Die notwendige Öffentlichkeitsarbeit kann dann als Motor für angestrebte Veränderungen und Entwicklungen dienen (vgl. Schaaf-Derichs, 2011, S. 674).

Auch in der Öffentlichkeitsarbeit können Kooperationen und Netzwerke sinnvolle Synergien herstellen. So lassen sich bspw. lokale oder regionale Freiwilligentage in Zusammenarbeit von Kommunen und Zivilgesellschaft organisieren.

BEISPIEL 4.1:

Die jährlich stattfindende Woche des Bürgerschaftlichen Engagements lebt von einer intensiven Beteiligung der Mitglieder des Bundesnetzwerks (BBE), der Schirmherrschaft des Bundespräsidenten und einer Kooperation mit dem ZDF. Die Homepage www.engagement-macht-stark.de vermittelt einen Eindruck vom Ausmaß dieser herausgehobenen Kampagne unter dem Motto „Engagement macht stark".

ÜBUNG 4.8:

Recherchieren Sie Beispiele für eine Ihrer Meinung nach gute Öffentlichkeitsarbeit für bürgerschaftliches Engagement.

Zusammenfassung

Soziale Organisationen, Einrichtungen und Dienste sind in zunehmendem Maße auf die Gewinnung und Einbindung bürgerschaftlicher Ressourcen angewiesen. Identität, Akzeptanz, aber auch Leistungs- und Konkurrenzfähigkeit der Organisationen und Einrichtungen hängen nicht zuletzt davon ab, ob es ihnen gelingt, sich gegenüber dem lokalen Gemeinwesen zu öffnen und ihre interne Organisation engagementfreundlich zu gestalten. Dabei genügt es nicht, einfach nur mehr freiwillig Engagierte zu gewinnen und sie in den Nischen und Randbereichen sozialer Einrichtungen tätig werden zu lassen. Vielmehr kommt es auf einen bürgerschaftlichen Umbau der Organisationen an, der den Engagierten einen zentralen Platz mit Möglichkeiten der Partizipation einräumt.

Ist diese Entwicklung gewollt und wird sie von der Führungsebene unterstützt, gibt es erprobte Strategien und Methoden, die hierfür je nach Aufgabenprofil, Situation und Tradition genutzt werden können. Hierzu gehören insbesondere Ansätze der Civic Education, eine engagementfreundliche Organisationsentwicklung, der Aufbau eines Freiwilligenmanagements, die Entwicklung angemessener Formen der Anerkennung und Würdigung, passgenaue Möglichkeiten der Fort- und Weiterbildung sowie eine auf das bürgerschaftliche Engagement fokussierte Öffentlichkeitsarbeit.

Aufgaben zur Selbstüberprüfung

AUFGABE 4.1:

Was muss der Ausgangspunkt sein, wenn sich soziale Organisationen und Einrichtungen für eine nachhaltige Einbindung bürgerschaftlichen Engagements entscheiden?

AUFGABE 4.2:

Welche Strategien und Methoden der Engagementförderung haben Sie kennengelernt? Nennen Sie die verschiedenen Ansätze.

AUFGABE 4.3:

Erklären Sie, was unter Civic Education verstanden wird.

AUFGABE 4.4:

Nennen Sie drei Formen der Anerkennung bürgerschaftlichen Engagements.

5 Engagementpolitik

Das folgende, abschließende Kapitel führt Sie in die Strukturen, Akteure und Besonderheiten des jungen Politikfelds Engagementpolitik ein. Nach der Bearbeitung verfügen Sie über einen Überblick, der es Ihnen ermöglicht, die praktische Engagementförderung in sozialen Einrichtungen in ihren politischen Dimensionen zu verstehen. Hierbei werden Bund, Länder und Kommunen in den Mittelpunkt der Betrachtungen gestellt. Die für die Engagementpolitik an Relevanz gewinnende europäische Ebene mit ihren Strukturen und Förderprogrammen kann hier nicht näher betrachtet werden.

> „Engagementpolitik beschreibt ein sich entwickelndes reformpolitisches Feld, das die Förderung bürgerschaftlichen Engagements unter der Leitperspektive einer aktiven Bürgergesellschaft verfolgt. Traditionell wird die Förderung des Ehrenamtes und seiner Rahmenbedingungen nur als Teilaspekt etablierter Bereichspolitiken wie der Sozial-, Familien-, Gesundheits-, Bildungs- oder Umweltpolitik behandelt. Der Zusammenhang von bereichsspezifischen und bereichsübergreifenden Entwicklungen von Zivilgesellschaft und bürgerschaftlichem Engagement wird jedoch zunehmend erkannt und lässt die Notwendigkeit von Engagementförderung aus einer Querschnittsperspektive deutlich werden. Mit Engagementpolitik verbinden sich daher Aufgaben und Anliegen der Verbesserung rechtlicher und finanzieller Rahmungen auf nationaler und europäischer Ebene, von Demokratisierung und Partizipation, Organisations- und Institutionenentwicklung sowie der Absicherung engagementfördernder Infrastrukturen." (Hartnuß; Klein, 2017, S. 233)

5.1 Kommunen

Die zentrale Rolle des unmittelbaren Lebensumfelds für Engagement und Beteiligung, die Bedeutung des lokalen Raums ist offensichtlich: Der größte Teil des bürgerschaftlichen Engagements entfaltet sich auf kommunaler Ebene und bedarf daher genau hier besonderer Förderung. Bürgerengagement braucht passende Gelegenheiten und förderliche Rahmenbedingungen vor Ort, weswegen den Kommunen im Rahmen ihres Auftrags zur Daseinsvorsorge hier zentrale Bedeutung zukommt.

Die Förderung des Gemeinwohls ist im Grundgesetz als Aufgabe der Kommunen festgeschrieben. In einigen Gemeindeordnungen gibt es hinsichtlich der Förderung von Ehrenamt und Bürgerengagement Präzisierungen. Meist aber überwiegen Appelle und vorsichtige Formulierungen (vgl. Hummel, 2011, S. 777). Engagementförderung wird daher in vielen Kommunen als sogenannte „freiwillige Leistung" betrachtet, die nicht in den Bereich kommunaler Pflichtaufgaben gehört. Sie dennoch ernst zu nehmen und wirkungsvolle Ansätze zu entwickeln, fällt vielen Kommunen unter schwieriger werdenden finanziellen Bedingungen nicht leicht.

Gleichwohl haben einige Kommunen auch in Zeiten leerer Kassen einen Weg eingeschlagen, der über die kommunale Vereinsförderung weit hinausreicht. Orientiert am Leitbild der Bürgerkommune (vgl. Kapitel 1.2.3), gelingt es Städten und Gemeinden durchaus, neue Akzente zu setzen. Dabei besteht die besondere Herausforderung für Kommunalpolitik und -verwaltung darin, neben der Förderung und Unterstützung des ehrenamtlichen Engagements die Bürgerinnen und Bürger auch in ihrer Rolle als kompetente Mitentscheider in kommunale Planungs- und Entscheidungsprozesse einzubeziehen. Kommunen sind dabei weniger Garanten von Leistungsansprüchen, sondern vielmehr Vermittler, Moderatoren und Anstifter neuer Kooperationen (vgl. Hummel, 2011, S. 782 ff.).

Wie Engagement- und Beteiligungsförderung in Kommunen gelingen kann, dafür gibt es bereits viele gute Beispiele. Wenn auch jede Gemeinde ihren eigenen Weg mit jeweils passgenauen Schwerpunkten und gut abgestimmten Projekten finden und gehen muss, so gibt es inzwischen doch eine Reihe von Elementen, die sich als Erfolgsfaktoren lokaler Engagement- und Beteiligungsförderung beschreiben lassen. Hierzu zählen insbesondere die gemeinsame Entwicklung eines Leitbilds, ein klares Bekenntnis seitens der Kommunalpolitik und -verwaltung, der Aufbau und die Pflege von Netzwerken sowie die Schaffung von Anlaufstellen in der Verwaltung sowie von Infrastrukturen vor Ort (vgl. Hartnuß, 2013).

BEISPIEL 5.1:

Die Stadt Arnsberg im Sauerland (NRW) hat sich in einem Dialogprozess zwischen Politik, Bürgerschaft, Zivilgesellschaft, Verwaltung und Wirtschaft ein Leitbild gegeben, das die Förderung von Bürgerengagement und Bürgerbeteiligung zur Pflichtaufgabe der Kommune erhebt. Dies hat weitreichende Stadtentwicklungsprozesse ermöglicht und zur Vitalisierung des städtischen Lebens beigetragen. 2006 wurde dieses Leitbild von dem 1999 ins Amt gewählten Bürgermeister von Arnsberg, Hans-Josef Vogel, veröffentlicht (vgl. Vogel, 2006).

HINWEIS:

Für die Ausgestaltung kommunaler Handlungsfelder spielen die Positionierungen und Empfehlungen der kommunalen Spitzenverbände eine wichtige Rolle. Hierzu zählen auf Bundesebene folgende Zusammenschlüsse:

- Deutscher Städtetag
- Deutscher Städte- und Gemeindebund
- Deutscher Landkreistag

Auf Länderebene gibt es entsprechende Vereinigungen der Kommunen.

ÜBUNG 5.1:

Recherchieren Sie im Internet das im Beispiel 5.1 genannte Leitbild der bürgerorientierten Kommune Arnsberg. Erläutern Sie, welchen Stellenwert darin dem bürgerschaftlichen Engagement der Bürger beigemessen wird, welches Verständnis der Förderung von Bürgerengagement die Kommune hat und wie das Zusammenspiel von Staat, Zivilgesellschaft und Wirtschaft beschrieben wird. Nennen Sie konkrete Handlungsfelder, in denen die Bürgerkommune in Arnsberg praktisch gelebt wird.

ÜBUNG 5.2:

Recherchieren Sie weitere Beispiele bürgerorientierter Kommunen im Internet.

5.2 Länder

Auch den Ländern kommt eine erhebliche Bedeutung bei der Förderung des bürgerschaftlichen Engagements zu. Dies liegt einerseits an ihrer Gesetzgebungskompetenz in Bereichen wie Bildung, Kultur oder Kommunalverfassung, andererseits an ihrer impulsgebenden und aktivierenden Rolle durch bspw. Förderprogramme und Modellprojekte. So haben viele Länder eigenständige Förderkonzepte und vielfältige Instrumente zur Entfaltung zivilgesellschaftlicher Aktivitäten entwickelt. Allerdings gibt es aufgrund der höchst unterschiedlichen Bedingungen in den Ländern kein einheitliches Modell und keine einheitliche Strategie (vgl. Heuberger, 2011, S. 797).

Wirkungsvolle Engagementpolitik benötigt sowohl eine verlässliche Förderung bürgerschaftlichen Engagements in den Fachministerien als auch eine ressortübergreifende Bündelung, Vernetzung und Strategieentwicklung. So haben alle Länder inzwischen bereichsübergreifende, querschnittig angelegte Koordinierungsstrukturen geschaffen (vgl. Heuberger, 2011, S. 799): In vielen Ländern wurden eigene Referate in Innen- oder Sozialministerien geschaffen, in anderen Ländern gibt es Stabs- oder Leitstellen in Staats- und Senatskanzleien. Auch Landesehrenamtsagenturen oder Ehrenamtsstiftungen übernehmen diese Aufgabe in einigen Ländern.

Auf Grundlage dieser Strukturen hat sich in den vergangenen Jahren eine Vielzahl neuer Instrumente und Angebote entwickelt, die bürgerschaftliches Engagement in einer bereichsübergreifenden Perspektive anregen, fördern und unterstützen (vgl. Heuberger, 2011, S. 800 ff.). Hierzu zählen u. a. Informations- und Beratungsangebote, Internetplattformen, neue Landesnetzwerke, Haftpflicht- und Unfallversicherungen für Engagierte, moderne Formen der Würdigung und Anerkennung (Preisverleihungen und Wettbewerbe, Ehrenamtskarten, Zertifizierungen u. a.), Qualifizierungsangebote, regelmäßige Fachveranstaltungen, Förderprogramme und vieles mehr. Tabelle 5.1 weist Ihnen den Weg auf die Internetplattformen der zentralen

Ansprechpartner und Koordinierungsstellen für bürgerschaftliches Engagement in den Ländern.

Tab. 5.1: Internetplattformen der Länder zum bürgerschaftlichen Engagement

Bundesland	Website	Institution	Stiftung
Baden-Württemberg	www.buergerengagement.de www.echt-gut-bw.de/ehrenamt_in_bw/__Ehrenamt-in-BW.html	Sozialministerium	
Bayern	www.stmas.bayern.de/ehrenamt www.lbe.bayern.de	Sozialministerium	
Berlin	www.berlin.de/buergeraktiv	Senatsverwaltung für Gesundheit und Soziales	
Brandenburg	www.brandenburg.de/cms/detail.php/bb1.c.263162.de	Staatskanzlei	
Bremen	www.buergerengagement.bremen.de	Senatorin für Soziales, Jugend, Frauen, Integration und Sport	
Hamburg	www.hamburg.de/engagement	Hansestadt Hamburg	
Hessen	www.gemeinsam-aktiv.de/start	Staatskanzlei Hessen	www.miteinander-in-hessen.de
Mecklenburg-Vorpommern	www.regierung-mv.de/Landesregierung/sm/Soziales/Ehrenamt	Ministerium für Arbeit, Gleichstellung und Soziales	www.ehrenamtsstiftung-mv.de
Niedersachsen	www.freiwilligenserver.de	Ministerium für Soziales, Gesundheit und Gleichstellung	
Nordrhein-Westfalen	www.engagiert-in-nrw.de	Landesregierung NRW	
Rheinland-Pfalz	https://wir-tun-was.rlp.de	Staatskanzlei	
Saarland	www.saarland.de/ehrenamt.htm	Staatskanzlei	
Sachsen	www.ehrenamt.sachsen.de	Ministerium für Soziales und Verbraucherschutz	

Bundesland	Website	Institution	Stiftung
Sachsen-Anhalt	https://engagiert.sachsen-anhalt.de	Staatskanzlei	
Schleswig-Holstein	www.engagiert-in-sh.de	Ministerium für Soziales, Gesundheit, Wissenschaft und Gleichstellung	
Thüringen		Thüringer Ehrenamtsstiftung	www.thueringer-ehrenamtsstiftung.de

ÜBUNG 5.3:

Wählen Sie ein Bundesland aus, folgen Sie dem entsprechendem Link und suchen Sie drei Ansätze bzw. Instrumente, mit denen hier Engagement auf Landesebene gefördert wird.

5.3 Bundespolitik

Auf Bundesebene hat sich das Thema Engagementpolitik in der Bundesregierung, auf parlamentarischer (Bundestag) sowie auf zivilgesellschaftlicher Ebene verfestigt. Dabei haben sich neue Strukturen und Institutionen herausgebildet (vgl. Hartnuß et al., 2011, S. 769 ff.; Lang; Embacher, 2011, S. 811 ff.).

5.3.1 Bundestag

Auf parlamentarischer Ebene gibt es mit dem Unterausschuss Bürgerschaftliches Engagement eine sichtbare und wirkungsvolle Verankerung des Themas im Bundestag. Er knüpft mit seiner Arbeit an die Enquete-Kommission „Zukunft des Bürgerschaftlichen Engagements“ des 14. Deutschen Bundestags an. Ihr im Jahr 2002 vorgelegter Bericht mit umfangreichen Analysen und weitreichenden Empfehlungen zur Förderung des bürgerschaftlichen Engagements ist ein wichtiger Bezugspunkt in der engagementpolitischen Debatte.

LESEHINWEIS:

Den Bericht der Enquete-Kommission „Zukunft des Bürgerschaftlichen Engagements" finden Sie online als Bundestagsdrucksache unter http://dip21.bundestag.de/dip21/btd/14/089/1408900.pdf. Er ist zudem als Buch beim Verlag Leske+Budrich erschienen (vgl. Enquete-Kommisssion, 2002).

Das von der Enquete-Kommission entwickelte Leitbild einer aktiven Bürgergesellschaft hat bis heute große Strahlkraft.

> „Die Bürgerinnen und Bürger in Deutschland engagieren sich in erheblichem Umfang freiwillig und unentgeltlich für gesellschaftliche Belange; sie sind hierzu jedoch auch auf engagementfreundliche Rahmenbedingungen angewiesen. Diese weiter zu verbessern, gehört zu den Aufgaben des Unterausschusses ‚Bürgerschaftliches Engagement'. Er befasst sich mit aktuellen Gesetzesvorhaben, die bürgerschaftliches Engagement betreffen, und arbeitet an der weiteren Umsetzung der Handlungsempfehlungen der Enquete-Kommission ‚Zukunft des Bürgerschaftlichen Engagements'. Darüber hinaus wirkt er – im Dialog mit der Zivilgesellschaft – an der Fortentwicklung der Engagementpolitik des Bundes mit." (Deutscher Bundestag, o. J.)

HINWEIS:

Über die Arbeit des Unterausschusses „Bürgerschaftliches Engagement" können Sie sich vertieft im Internet informieren, indem Sie die entsprechende Website des Deutschen Bundestags besuchen (Deutscher Bundestag, o. J.).

5.3.2 Bundesregierung

Innerhalb der Bundesregierung hat das Bundesministerium für Familien, Senioren, Frauen und Jugend (BMFSFJ) die Federführung und Koordinierung der Engagementpolitik übernommen. Hierfür besteht eine eigene Abteilung im Ministerium.

Neben der Förderung des traditionellen Ehrenamts in Verbänden gibt es auf Bundesebene zahlreiche Programme, Maßnahmen und Aktivitäten, die auf eine breit angelegte Förderung bürgerschaftlichen Engagements in unterschiedlichen gesellschaftlichen Bereichen und von verschiedenen Zielgruppen abzielen. In den vergangenen Jahren haben sich diese Bemühungen erheblich vervielfältigt, denn das bürgerschaftliche Engagement und seine Förderung haben Einzug gehalten in nahezu alle gesellschaftspolitischen Felder. Dies machte über die einzelnen Programme und Maßnahmen hinaus eine stärker strategische Ausrichtung der Engagementpolitik erforderlich. Das BMFSFJ hat daher im Dialog mit der Zivilgesellschaft eine eigene Engagementstrategie entwickelt, die die verschiedenen Ansätze in einen Gesamtzusammenhang bringen und Orientierung für das politische Handeln in diesem Feld geben soll.

HINWEIS:

Hier gelangen Sie zur Engagementstrategie des BMFSFJ: www.b-b-e.de/fileadmin/inhalte/aktuelles/2016/01/engagementstrategie-bmfsfj-2016.pdf. Darin enthalten ist auch eine umfangreiche Auflistung der Programme, Maßnahmen und Schwerpunkte zur Förderung des bürgerschaftlichen Engagements.

Seit 2009 ist die Bundesregierung zudem verpflichtet, dem Bundestag in jeder Legislaturperiode einen Engagementbericht vorzulegen.

HINWEIS:

Der von einer unabhängigen Sachverständigenkommission erarbeitete Zweite Engagementbericht mit dem Schwerpunkt „Demografischer Wandel und bürgerschaftliches Engagement" wurde 2016 an die Bundesregierung übergeben und im März 2017 veröffentlicht. Unter www.zweiterengagementbericht.de finden Sie ausführliche Informationen und Materialien aus der Arbeit der Kommission.

Der Bericht enthält neben einer Darstellung der Situation des bürgerschaftlichen Engagements auch Empfehlungen zu seiner weiteren Förderung. Er wurde von einer unabhängigen Expertenkommission erstellt und von einer Stellungnahme der Bundesregierung begleitet. Mit dem regelmäßigen Engagementbericht wurde für die Engagementpolitik ein wichtiger Standard gesetzt, der in anderen Politikfeldern bereits seit langem besteht, z. B mit dem regelmäßigen Altenbericht oder dem Kinder- und Jugendbericht.

HINWEIS:

Einen Überblick und detaillierte Informationen zur Engagementpolitik des BMFSFJ, seiner Engagementstrategie, den Engagementberichten sowie den vielfältigen Programmen und Maßnahmen finden Sie online beim BMFSFJ (vgl. BMFSFJ, o. J.).

5.3.3 Zivilgesellschaft

Auf zivilgesellschaftlicher Ebene wirken zahlreiche Verbände aller gesellschaftlichen Bereiche an der Weiterentwicklung bürgergesellschaftlicher Reformperspektiven mit: Seit 2002 gibt es das bereichs- und sektorenübergreifend tätige Bundesnetzwerk Bürgerschaftliches Engagement (BBE). Das BBE ist einer der wichtigsten Akteure der Engagementpolitik. Mehr als 260 Mitgliedsorganisationen aus Zivilgesellschaft, Wirtschaft und Staat arbeiten gemeinsam an der Verbesserung der Rahmenbedingungen bürgerschaftlichen Engagements und seiner nachhaltigen Förderung (vgl. BBE, o. J.).

Das Netzwerk ist die zentrale Wissens- und Kompetenzplattform für bürgerschaftliches Engagement. Es entwickelt neue Kooperationsformen zwischen staatlichen Institutionen, Wirtschaft und Bürgergesellschaft, gibt Impulse für politische Entscheidungsträger und erarbeitet konkrete Empfehlungen für verbesserte Rahmenbedingungen. Das BBE betreibt zudem eine intensive Öffentlichkeitsarbeit: Die jährlich stattfindende bundesweite Woche des Bürgerschaftlichen Engagements (vgl. Kapitel 4.6) unter Schirmherrschaft des Bundespräsidenten ist hierfür das wichtigste Instrument.

HINWEIS:

Ausführliche Informationen zur Arbeit des BBE, seinen Gremien, den Kooperationsformen sowie den aktuellen Schwerpunkten finden Sie auf der Website des BBE.

ÜBUNG 5.4:

Welche sind Ihrer Meinung nach die wichtigsten Handlungsfelder der vom BMFSFJ entwickelten Engagementstrategie?

Zusammenfassung

Eine systematische und bereichsübergreifende Engagementpolitik eröffnet weitreichende Gestaltungsoptionen, die in den aktuellen Reformdebatten zum Umbau des Sozialstaats allerdings noch häufig unterschätzt werden. Gleichwohl ist seit der Jahrtausendwende eine Reihe neuer Strukturen und innovativer Institutionen entstanden, die Einfluss auf engagementpolitische Aushandlungsprozesse nehmen und Agenda-Setting betreiben. Der Unterausschuss Bürgerschaftliches Engagement des Bundestags, das Bundesnetzwerk Bürgerschaftliches Engagement, Netzwerke auf Landes- und regionaler Ebene, überregionale Fortbildungsinstitutionen, Stabs- und Leitstellen bei Ministerpräsidenten, kommunale Ansprechpartner und Netzwerke setzen sich dafür ein, bürgerschaftliches Engagement bei der Lösung gesellschaftlicher Probleme verstärkt einzubeziehen und engagementfreundliche Rahmenbedingungen zu schaffen. Durch zahlreiche praxisorientierte Maßnahmen und Programme auf allen föderalen Ebenen hat Engagementpolitik spürbar an Konturen gewonnen (vgl. Hartnuß; Klein, 2017, S. 233; Hartnuß et al., 2011, S. 768 f.).

Aufgaben zur Selbstüberprüfung

AUFGABE 5.1:

Beschreiben Sie mit eigenen Worten, was unter Engagementpolitik zu verstehen ist.

AUFGABE 5.2:

Nennen Sie drei wichtige engagementpolitische Institutionen auf Bundesebene.

AUFGABE 5.3:

Warum spielt beim bürgerschaftlichen Engagement die kommunale Ebene eine zentrale Rolle?

AUFGABE 5.4:

Beschreiben Sie Konstruktion und Anliegen des Bundesnetzwerks Bürgerschaftliches Engagement.

Schlussbetrachtung: Herausforderungen und Perspektiven der Engagementförderung

Das vorliegende Studienbuch hat Sie in das komplexe Thema des Bürgerschaftlichen Engagements eingeführt. Ihnen wurden theoretische Grundlagen vermittelt. Zudem haben Sie die verschiedenen Formen bürgerschaftlichen Engagements kennengelernt und sich ganz praktisch mit Engagement in zentralen Handlungsfeldern der Sozial- und Gesundheitswirtschaft auseinandergesetzt. Im Mittelpunkt stand die Aneignung von Methoden und Strategien der Engagementförderung, die Sie in aktuellen oder auch künftigen beruflichen Tätigkeitsfeldern anwenden können.

Gesellschaftliche Entwicklungen wie bspw. der demografische Wandel, der Umbau sozialstaatlicher Systeme oder die Integration von Flüchtlingen sprechen dafür, dass der Stellenwert bürgerschaftlichen Engagements in der Sozial- und Gesundheitswirtschaft weiter steigen wird. Dies ist mit Anforderungen an soziale Organisationen, Dienste und Einrichtungen verbunden, für deren Bewältigung Sie sich das notwendige Hintergrundwissen und methodische Rüstzeug angeeignet haben.

Trotz erheblicher Fortschritte und Errungenschaften stehen wir in der gesellschaftlichen Debatte über die Engagementförderung immer noch vor großen Herausforderungen. Diese werden in den Praxisfeldern der Sozialen Arbeit weiter an Relevanz gewinnen. Sie sollen zum Abschluss des Studienbuchs daher noch einmal zusammenfassend benannt werden (vgl. hierzu auch Hartnuß, 2013):

Rechtliche Rahmenbedingungen verbessern

Bürgerschaftliches Engagement findet in Kontexten statt, die an rechtliche Regelungen gebunden sind. Insbesondere die staatlichen Institutionen sind gefordert, diese Bedingungen möglichst engagementfreundlich zu gestalten und bürokratische Hemmnisse weiter abzubauen. Von besonderer Bedeutung sind dabei die Absicherung von Engagierten (Versicherungsschutz), das Vereinsrecht, das Spenden- und Gemeinnützigkeitsrecht, das Stiftungsrecht sowie das Zuwendungsrecht.

Frühes Lernen von Engagement und Partizipation fördern

Die Bereitschaft, die Fähigkeit und die Motivation zu bürgerschaftlichem Engagement sind nicht angeboren, sondern werden erworben. Daher ist es für die Zukunftsfähigkeit der Gesellschaft entscheidend, dass junge Menschen schon frühzeitig Verantwortungsübernahme und Partizipation erproben und erlernen können. Daher gilt es, Civic Education als wichtigen Teil des Erziehungs- und Bildungsauftrags von Kindertagesstätten und Schulen zu etablieren.

Soziale Organisationen für bürgerschaftliches Engagement öffnen

Wer Ehrenamt in sozialen Einrichtungen und Diensten fördern will, muss geeignete Arrangements bereitstellen und die entsprechenden Organisationen für bürgerschaftliches Engagement öffnen. Es muss deutlich werden, dass freiwillig Engagierte willkommen sind, mit offenen Armen empfangen werden und einen relevanten Beitrag für die erfolgreiche Arbeit der Organisationen leisten.

Organisationsentwicklung mit Engagementförderung verbinden

Eine engagementfreundliche Organisationsentwicklung benötigt klare Verantwortlichkeiten und Ressourcen. Sie ist nicht zum Nulltarif zu haben. Gerade in Großorganisationen sind professionelle und hauptamtliche Strukturen erforderlich, die ein modernes Freiwilligenmanagement aufbauen, für eine gelingende Zusammenarbeit von Haupt- und Ehrenamt sorgen, notwendige Qualifizierungsangebote organisieren sowie Qualitätsstandards in der Ehrenamtsförderung entwickeln und sichern. Hierzu gehören auch angemessene Formen der Mitbestimmung für Engagierte.

Soziale Ungleichheit im Engagement abbauen

Aus der empirischen Erforschung und der Praxis des Engagements ist bekannt, dass die Beteiligung im bürgerschaftlichen Engagement höchst ungleich verteilt ist und sich soziale Benachteiligungen auch in der Zivilgesellschaft reproduzieren. Ansätze der Engagementförderung sollten daher verstärkt Zugangschancen für bislang engagementferne (insbesondere sozial benachteiligte und bildungsferne) Gruppen eröffnen und Ungleichheit möglichst minimieren oder ausschließen.

Engagementförderung als Aufgabe in Kommunen verankern

Der Großteil ehrenamtlichen Engagements wird auf lokaler und regionaler Ebene erbracht. Daher braucht es vor Ort in den Kommunen verbindliche Ansprechpartner und Anlaufstellen, Ressourcen und langfristig angelegte Strukturen. Kommunalpolitik und -verwaltung müssen sich dieser Herausforderung stellen und eigene, passgenaue Strategien der Engagementförderung entwickeln.

Lokale Infrastrukturen der Engagementförderung stabilisieren
Freiwilligenagenturen, Ehrenamtsbörsen, Seniorenbüros und andere Infrastruktureinrichtungen haben sich auf lokaler Ebene zu wichtigen Kristallisationskernen der Engagementförderung entwickelt. Ihre Existenzbedingungen sind aber häufig prekär. Diese wichtigen Einrichtungen in ihrer Arbeit zu stabilisieren, erfordert gemeinsame Anstrengungen von Kommunen, Ländern, dem Bund sowie der Zivilgesellschaft.

Vernetzung und Kooperationen ausbauen
Effiziente Engagementförderung benötigt ein enges und verlässliches Zusammenspiel unterschiedlicher Akteure und Organisationen (Zivilgesellschaft, Staat, Wirtschaft). Kooperation und Vernetzung sind daher entscheidende Erfolgsfaktoren tragfähiger Engagementstrategien. Dies gilt sowohl auf kommunaler als auch auf Landes- und Bundesebene. Bestehende Netzwerke wie das BBE sind wichtige Motoren zivilgesellschaftlicher Entwicklung.

Das Engagement von Unternehmen mitdenken und einbeziehen
Das gesellschaftliche Engagement von Unternehmen ist ein wichtiger Teil des bürgerschaftlichen Engagements. Aus gemeinsamen Projekten von gemeinnützigen Einrichtungen und Unternehmen auf Augenhöhe erwachsen neue Chancen für die Erbringungen wohlfahrtsstaatlicher Leistungen sowie gegenseitige Lern- und Entwicklungsmöglichkeiten. Corporate Citizenship sollte in der Diskussion über die Zukunft der Bürgergesellschaft daher nicht vernachlässigt werden.

Eine Kultur der Anerkennung bürgerschaftlichen Engagements weiterentwickeln
Wertschätzung und Anerkennung sind die wichtigsten Gegenleistungen für freiwilliges Engagement. Staatliche Institutionen, zivilgesellschaftliche Organisationen, Unternehmen und nicht zuletzt die Medien sind daher gefragt, angemessene und zeitgemäße Formen der Ehrung und Würdigung zu entwickeln. Eine gesellschaftliche Kultur der Anerkennung zielt auf wirkungsvolle Maßnahmen ab, die symbolische, geldwerte und monetäre Formen in ein ausgewogenes Verhältnis bringen. Auch Medienberichterstattung, Qualifizierungsmaßnahmen und eine engagementfreundliche Organisationsentwicklung gehören zu dieser Kultur der Anerkennung.

Folgen zunehmender Monetarisierung im bürgerschaftlichen Engagement ernst nehmen

In die Engagementförderung haben in den vergangenen Jahren vermehrt monetäre Formen des Anreizes, der Motivation und Anerkennung bürgerschaftlichen Engagements Einzug gehalten. Der Einsatz von Geld und Bezahlung hat Auswirkungen auf die Motivation und das Selbstverständnis von Engagierten, verändert das Organisationsgefüge, verschärft die Konkurrenz um Engagierte zwischen Organisationen und birgt die Gefahr eines Niedriglohnsektors in der Sozialen Arbeit. Strategien der Engagementförderung sollten daher einen kritischen, reflektierten Blick auf die Monetarisierung im Ehrenamt haben. Sie ist mit ihren problematischen Folgewirkungen ernst zu nehmen und der Einsatz monetärer Anreize sollte in sozialen Einrichtungen wohl überlegt werden.

Nicht nur in Projekte und Programme, sondern in Infrastrukturen investieren

Insbesondere auf der Ebene von Bund und Ländern ist Engagementförderung häufig mit zeitlich befristeten Programmen und Schwerpunkten verbunden. Nicht selten gibt es nach Auslaufen dieser Programme keine Anschlussperspektiven, sodass „Projektruinen" zurückbleiben, während wieder neue Ansätze gefördert werden. Gerade im Bereich der Engagementförderung kommt es jedoch auf langfristige Förderperspektiven und die Festigung von Infrastrukturen an. Dies erfordert ein Umdenken auf Seiten politischer Entscheidungsträger und die Schaffung hierfür erforderlicher rechtlicher Voraussetzungen.

Eigensinn, Freiwilligkeit und Selbstbestimmtheit im bürgerschaftlichen Engagement wahren

Die besondere Kraft und Produktivität des bürgerschaftlichen Engagements sind untrennbar mit der Freiwilligkeit des Tuns und der daraus erwachsenden Selbstbestimmtheit verbunden. Jegliche Form von Vereinnahmung, Verpflichtung und Indienstnahme können seinen Charakter beschädigen. Alle Formen der Engagementförderung sollten dies stets berücksichtigen. Entscheidungsträger – egal, ob auf politischer Ebene oder in zivilgesellschaftlichen Kontexten – haben daher dafür Sorge zu tragen, dass der Eigensinn des Engagements gewahrt bleibt.

Anhang

Bearbeitungshinweise zu den Übungen

Übung 1.1

Nutzen Sie die Selbstdarstellungen der Wohlfahrtsverbände auf ihren Websites und beschreiben Sie ihre Tätigkeitsschwerpunkte. Recherchieren Sie dabei auch Aussagen zur Bedeutung des ehrenamtlichen Engagements.

Übung 1.2

Nutzen Sie zur Klärung die einschlägigen Nachschlagewerke der Sozialen Arbeit wie bspw. das Fachlexikon der Sozialen Arbeit (Baden-Baden, 2017).

Subsidiarität ist ein gesellschaftliches Prinzip, das den Vorrang kleinerer sozialer Einheiten gegenüber den jeweils größeren beschreibt. So haben Eigenverantwortung und Selbstbestimmung des Individuums oder der Familie Vorrang gegenüber staatlichen Hilfen. Sofern individuelle Ressourcen zur Bewältigung von Aufgaben nicht ausreichen, ist die höhere gesellschaftliche Instanz zur Hilfe und Unterstützung verpflichtet. Gleiches gilt für das Zusammenspiel der staatlichen Ebenen von Kommunen, Ländern und Bund.

Übung 1.3

Bürgerschaftliches Engagement wird überwiegend als Sammelbegriff verwendet. Es meint jedoch mehr als das traditionelle Ehrenamt, z. B. als Vereinsvorsitzender oder als Kassenwart. Im Kapitel 1.2.1 können Sie nachlesen, worin die Unterschiede bestehen.

Übung 1.4

Dritt-Sektor-Organisationen erwirtschaften durchaus Gewinne und Profite. Diese dienen jedoch der Realisierung sozialer und gemeinnütziger Zwecke. Der betriebswirtschaftliche Charakter darf in diesen Organisationen jedoch nicht überwiegen.

Die erzielten sozialen Profite stehen dagegen für einen nachhaltigen, gesellschaftlich relevanten Gewinn.

Übung 1.5

Die Länderauswertungen des Freiwilligensurveys finden Sie unter www.dza.de/forschung/fws.html.

Übung 2.1

Denken Sie z. B. an Bekannte, die sich in Parteien, in politischen Funktionen oder Bürgerinitiativen engagieren.

Übung 2.2

Denken Sie daran, in welchen Formen Ehrenamt gelebt werden kann, z. B. in sozialen Einrichtungen, durch Vorstandstätigkeiten, öffentliche Wahlämter sowie zeitlich befristete, projektförmige Freiwilligenarbeit.

Übung 2.3

Nutzen Sie die Internetseiten vom Bundesfreiwilligendienst sowie die der Bundesarbeitskreise von FSJ und FÖJ. Auf der Seite des Bundesfamilienministeriums finden Sie aktuelle Teilnehmerzahlen.

Übung 2.4

Die Regelungen für Volksbegehren und -entscheide finden Sie in den jeweiligen Landesverfassungen, die Regelungen für kommunale Bürgerbegehren und -entscheide in den Gemeinde- und Landkreisordnungen der Länder. Nutzen Sie auch die Homepage des Vereins „Mehr Demokratie e. V.“. Hier gibt es ein jährliches Länderranking der Beteiligungsfreundlichkeit mit einem Vergleich der geltenden Bestimmungen.

Übung 2.5

Alle Wohlfahrtsverbände veröffentlichen regelmäßig Daten zum Ehrenamt in ihren Organisationen, sodass Ihnen die Bearbeitung dieser Übung nicht schwerfallen sollte.

Übung 2.6

Fragen Sie auch bei Kommilitonen oder Arbeitskollegen nach. Vielleicht sind Ihnen die sozialen Ehrenämter gar nicht bekannt. Sie können dabei durchaus Überraschungen erleben.

Übung 2.7

Falls Ihnen kein Jugendverband bekannt ist, orientieren Sie sich zunächst auf den Internetseiten eines Landesjugendrings bzw. des Bundesjugendrings. Auch beim kommunalen Jugendamt finden Sie entsprechende Hinweise.

Übung 2.8

Möglicherweise sind Ihnen einige der genannten Bereiche ehrenamtlicher Tätigkeiten im Gesundheitsbereich noch nicht geläufig und Sie haben Schwierigkeiten, hierfür Beispiele zu nennen. Recherchieren Sie in diesem Fall zunächst im Internet und klären Sie, was genau die Aufgaben etwa von Grünen Damen, Patientenfürsprechern und Gesundheitsläden sind.

Übung 2.9

Recherchieren Sie den Gesetzestext des SGB XI und erläutern Sie die Regelungen des § 45. Beschreiben Sie die verbesserten Möglichkeiten zur Förderung des Ehrenamts in der Pflege durch das Pflegestärkungsgesetz. Nutzen Sie hierfür auch Kommentierungen, die Sie im Internet hierzu finden.

Übung 2.10

Ist Ihnen keine Einrichtung persönlich bekannt, erkundigen Sie sich in der Kommunalverwaltung Ihres Wohnorts. Sofern Sie auf der Homepage der Einrichtung keine Hinweise zum Ehrenamt finden, erkundigen Sie sich telefonisch oder persönlich vor Ort.

Übung 3.1

Wenn Sie einen Verein gefunden haben, besuchen Sie seine Homepage und suchen Sie dort nach der Vereinssatzung.

Übung 3.2

Nutzen Sie bspw. die Homepage der Bundesarbeitsgemeinschaft der Freien Wohlfahrtspflege (BAGFW). Im Bereich „Aktuelle Stellungnahmen" finden Sie zahlreiche Beispiele für gezielte Interessenvertretung in Gesetzgebungsverfahren.

Übung 3.3

Nutzen Sie hierfür den Bürgerstiftungsfinder der Aktiven Bürgerschaft, den Sie auf der zugehörigen Website finden.

Übung 3.4

Beschreiben Sie die Unterschiede entlang der im Studienbuch beschriebenen Kriterien wirtschaftliches Handeln, Identität, Demokratie und Solidarität.

Übung 3.5

Falls Ihnen keine Freiwilligenagentur bekannt ist, nutzen Sie die Homepage der Bundesarbeitsgemeinschaft der Freiwilligenagenturen.

Übung 3.6

Gehen Sie zunächst auf die Homepage der Bundesarbeitsgemeinschaft Seniorenbüros, wählen Sie eine Einrichtung aus und recherchieren Sie auf der angegebenen Internetseite.

Übung 3.7

Besuchen Sie die Homepage der NAKOS. Hinter den „Grünen Adressen" verbirgt sich die Datenbank der gemeinschaftlichen Selbsthilfe in Deutschland mit Kontaktdaten zu Selbsthilfevereinigungen und Selbsthilfegruppen. Die „Roten Adressen" bieten Zugänge zur Selbsthilfeförderung und ihren wichtigsten Akteuren und Institutionen in Bund, Ländern und Kommunen. Die „Blauen Adressen" bündeln seltene Erkrankungen, den Kontakt zu Gleichbetroffenen und ihren Selbsthilfegruppen.

Übung 4.1

Die Jugendverbandsarbeit ist traditionell der Bereich, in dem Kinder und Jugendliche schon frühzeitig Verantwortung übernehmen, sich engagieren und mitbestimmen können. Aber auch in den pädagogischen Institutionen wie Kindertagesstätten und Schulen können junge Menschen schon frühzeitig Engagementerfahrungen sammeln. Ebenso sind die Kommunen gefragt, Möglichkeiten der Beteiligung von Kindern und Jugendlichen zu schaffen (z. B. Kinder- und Jugendparlamente).

Übung 4.2

Freiwilligenmanagement berührt insbesondere den Systembereich (Organisationsaufbau, Ablauforganisation, Qualitätsmanagement, Willensbildung und Außendarstellung, Führung), das Marketing (Positionierung auf dem Markt des Dritten Sektors, Öffentlichkeitsarbeit, Werbung) sowie das Ressourcen-Management (Mitglieder, Mitarbeitende, Qualifizierung, Wissensmanagement, Personalwesen, Mittelbeschaffung, Fundraising).

Übung 4.3

Freiwilligenmanagement hat unmittelbar Bezüge und Schnittmengen zum Sozialmanagement. Es ist als Teil des Managements sozialer Organisationen mitzudenken.

Übung 4.4

Die Akademie für Ehrenamtlichkeit e. V. in Berlin bietet Basiskurse zum Thema Freiwilligenkoordination sowie den Ausbildungsgang „Strategisches Freiwilligenmanagement" an. Darüber hinaus finden sich auf Ebene von Verbänden wie auch auf Landesebene Fort- und Weiterbildungsangebote zu den Themen Freiwilligenmanagement, Freiwilligenkoordination sowie Zusammenarbeit von Haupt- und Ehrenamt.

Übung 4.5

Führen Sie sich vor Augen, was konkret zur Organisationsentwicklung, bezogen auf eine Kultur der Freiwilligkeit und Mitwirkung, gehört und beachten Sie dabei alle Ebenen der Organisation.

Übung 4.6

Nutzen Sie die im Studienbuch genannten Quellen. Beispiele für wirkungsvolle Anerkennung sind etwa die Ehrenamtskarte in Hessen, die in der Stadt Nürtingen entwickelte Anerkennungs- und Beteiligungskultur oder das jährliche stattfindende Sommerfest für die ehrenamtlich Aktiven einer Kindertagesstätte.

Übung 4.7

Recherchieren Sie auf den Internetseiten der Wohlfahrtsverbände sowie der Bundesarbeitsgemeinschaft der Freien Wohlfahrtspflege.

Übung 4.8

Besuchen Sie insbesondere die Homepages von Wohlfahrtsverbänden, aber auch von Dachverbänden der Infrastruktureinrichtungen der Engagementförderung. Sehen Sie sich auch die Kampagnen-Homepage der Woche des Bürgerschaftlichen Engagements an (www.engagement-macht-stark.de).

Übung 5.1

Sie finden das Leitbild auf der Internetseite der Bürgerkommune Arnsberg.

Übung 5.2

Im Internet werden Sie auf Städte wie Viernheim, Nürtingen, Potsdam, Leipzig, Heidelberg, Weyarn, Essen oder Solingen stoßen.

Übung 5.3

Nutzen Sie die im Studienbuch genannte Internetplattform des jeweiligen Landes, suchen Sie sich dort drei besonders überzeugende Instrumente aus und beschreiben Sie sie kurz.

Übung 5.4

Die Engagementstrategie finden Sie auf der Homepage des BMFSFJ. In Kapitel D der Publikation sind die zentralen Handlungsfelder benannt.

Lösungen der Aufgaben zur Selbstüberprüfung

Aufgabe 1.1

Bürgerschaftliches Engagement ist freiwillig, unentgeltlich und gemeinwohlorientiert. Es findet i. d. R. öffentlich statt und ist anschlussfähig für andere Engagierte.

Bürgerschaftliches Engagement ist der bestimmende Handlungsmodus der Zivilgesellschaft. Es entfaltet sich zwischen den gesellschaftlichen Sphären Staat, Markt und Privatleben. In seiner Wirkung ist es nicht auf die unmittelbar Beteiligten begrenzt. Es schafft Vertrauen und trägt zur Bildung von Sozialkapital bei. Damit leistet es einen entscheidenden Beitrag zur Schaffung und zum Erhalt öffentlicher Güter.

Diese Kriterien lassen sich beispielsweise an einem ehrenamtlichen Besuchsdienst im Pflegeheim, einer Elterninitiative zur Verschönerung eines Kinderspielplatzes, einer ehrenamtlichen Trainerschaft bei einer Jugendfußballmannschaft oder einer Initiative von Bürgerinnen und Bürgern zur Unterstützung und Integration von Flüchtlingen verdeutlichen.

Aufgabe 1.2

a) Die Ergebnisse des Freiwilligensurveys finden Sie unter www.dza.de/forschung/fws.html.

   Engagierte richten an die Organisationen gewisse Ansprüche: Sie erwarten z. B. die Bereitstellung von Räumen und Ausstattung, bessere fachliche Unterstützung und Weiterbildung sowie angemessene Formen der Anerkennung und Würdigung.
   Zivilgesellschaftliche Organisationen können sich für ein eigenes professionelles Freiwilligenmanagement entscheiden. Freiwilligenkoordinatoren können Methoden zur Ansprache und Gewinnung von Freiwilligen entwickeln, das Zusammenspiel zwischen Hauptamt und Ehrenamt begleiten und bei Konflikten vermitteln. Sie sind Ansprechpartner für die Engagierten, sorgen für die notwendige Ressourcenausstattung, entwickeln Angebote der Fort- und Weiterbildung und achten auf eine Kultur der Wertschätzung und Anerkennung freiwilligen Engagements in den Organisationen und Einrichtungen.

b) Generell kann man aus der Perspektive der Organisationen nicht von einer „Ehrenamtskrise" sprechen. Gleichwohl macht der ZiviZ-Survey auf ein zunehmendes Problem aufmerksam, das viele Organisationen vor erhebliche Herausforderungen stellt. Trotz einer insgesamt hohen Engagementbereitschaft fällt es vielen Organisationen zunehmend schwer, Engagierte für Führungs- und Leitungsaufgaben (z. B. Vorstandsfunktionen im Verein) zu gewinnen.

Insbesondere Vereine sollten sich dieser Herausforderung stellen und gemeinsam mit ihren Mitgliedern überlegen, wie sie frühzeitig für Nachwuchs sorgen, Führungsaufgaben auf mehrere Personen aufteilen und Überlastungssituationen vermeiden. Auch über eine intensive Öffentlichkeitsarbeit sowie interne Möglichkeiten für mehr Mitsprache und Mitbestimmung kann es gelingen, ehrenamtliche Mitwirkung attraktiver zu machen.

Aufgabe 2.1

Der Sammelbegriff bürgerschaftliches Engagement umfasst folgende freiwilligen Tätigkeitsformen: bürgerschaftliches Engagement in einem engeren, politischen Verständnis, traditionelle und neue Formen des Ehrenamts, die Selbsthilfe, Freiwilligendienste, Ansätze der Bürgerbeteiligung sowie das Engagement von Unternehmen (Corporate Citizenship).

Beispiele für diese Formen sind: das Engagement in einer Bürgerinitiative gegen den Bau einer Umgehungsstraße, die ehrenamtliche Mitarbeit in einem Altenheim, die Mitwirkung in einer Selbsthilfegruppe für Frauen nach einer Krebserkrankung, das Freiwillige Soziale Jahr in einem Hospiz, das Bürgerbegehren für den Bau einer Brücke oder das Sponsoring eines Fußballvereins durch ein örtliches Unternehmen.

Aufgabe 2.2

Nehmen wir hier als Beispiel die Bereiche Altenhilfe und -pflege. Das Engagement in Altenhilfe und Altenpflege ist vielfältig. Es reicht von der Unterstützung bei der Haushaltsführung über ehrenamtliche Fahr- und Einkaufsdienste, die Unterstützung bei der ambulanten Pflege zu Hause, ehrenamtliche Besuchs- und Vorlesedienste in teilstationären (Tagespflege) und stationären Einrichtungen (Pflegeheime), ehrenamtliche Pflegebegleiter (Beratung von pflegenden Angehörigen), ehrenamtliche rechtliche Betreuer von Pflegebedürftigen bis hin zu ehrenamtlichem Engagement im Hospiz- und Palliativbereich. Die Träger von Altenhilfe- und Altenpflegeeinrichtungen sowie die entstehenden lokalen und regionalen Netzwerke sind die wichtigsten Infrastrukturen der Engagementförderung in diesem Bereich. Die Pflegeversicherung bietet hierfür gesetzliche Fördermöglichkeiten.

Aufgabe 2.3

Jenseits der in Kapitel 2.2 näher betrachteten Handlungsfelder der Sozial- und Gesundheitswirtschaft spielt bürgerschaftliches Engagement in folgenden Gesellschaftsbereichen eine zentrale Rolle: Sport und Bewegung, Kunst und Kultur, Kirche und Religion, Natur- und Umweltschutz, Bildung und Erziehung, Justiz, Migration und Integration, Stadt- und Dorfentwicklung, Entwicklungshilfe und Entwicklungspolitik.

Aufgabe 3.1

Die wichtigsten zivilgesellschaftlichen Organisationsformen sind Vereine, Verbände, Stiftungen und Genossenschaften. Die relevanten Rechtsbereiche sind das Vereinsrecht, das Stiftungsrecht, das Spenden- und Gemeinnützigkeitsrecht.

Aufgabe 3.2

Lokale Infrastruktureinrichtungen der Engagementförderung informieren, beraten und vermitteln im Bereich des ehrenamtlichen Engagements. Sie bieten Fort- und Weiterbildungen an, betreiben Öffentlichkeits- und Lobbyarbeit für das bürgerschaftliche Engagement, sie vernetzen und entwickeln Projekte der Engagementförderung vor Ort. Sie sind damit über die Vermittlungstätigkeit hinaus wichtige Entwicklungsagenturen bürgerschaftlichen Engagements in den Kommunen. Die Einrichtungstypen unterscheiden sich mit Blick auf ihre Adressatengruppen und inhaltlichen Schwerpunkte. Zudem gibt es regionale und landestypische Unterschiede in den Konzepten der Einrichtungen.

Aufgabe 3.3

Die drei wichtigsten Einrichtungstypen sind Freiwilligenagenturen, Seniorenbüros und Selbsthilfekontaktstellen. Ihre Dachverbände sind die Bundesarbeitsgemeinschaft der Freiwilligenagenturen (bagfa), die Bundesarbeitsgemeinschaft Seniorenbüros (BaS) und die Deutsche Arbeitsgemeinschaft Selbsthilfegruppen (DAG SHG).

Weitere Formen lokaler Infrastruktureinrichtungen der Engagementförderung sind Mehrgenerationenhäuser, Nachbarschaftshäuser, Mütterzentren, Familientreffs, Bürgerbüros sowie lokale Anlaufstellen für Bürgerengagement.

Aufgabe 3.4

Seniorenbüros und Freiwilligenagenturen werden meist durch Mischfinanzierung öffentlicher und freier Träger abgesichert, ergänzt durch Eigenmittel in Form von Mitgliedsbeiträgen, Sponsoring und Spenden. Insbesondere für Freiwilligenagenturen ist die nachhaltige finanzielle Absicherung ihrer Arbeit eine dauernde Aufgabe, für die es noch keine gesetzlichen Regelungen gibt. Selbsthilfekontaktstellen können dagegen auf eine Finanzierung durch die gesetzlichen Krankenkassen bauen.

Aufgabe 4.1

Bevor konkrete Schritte zur Gewinnung und Einbindung von Engagierten unternommen werden, sind in einem gemeinsamen Kommunikationsprozess alle Mitarbeiter auf diesem Weg mitzunehmen. Ängste und Befürchtungen sowie offene Fragen müssen aufgegriffen und hierfür klare Antworten gegeben werden. Bei der Konzeptentwicklung müssen also alle Mitarbeiter und Mitwirkenden beteiligt werden. Nur so wird ein Konzept der Engagementförderung auch mitgetragen und die gemeinsam vereinbarten Maßnahmen und Regelungen werden akzeptiert. Von entscheidender Bedeutung ist es zudem, dass die Leitungsebene sich hinter dieses Vorhaben stellt und dieses Konzept offensiv vertritt. Es ist wichtig zu verstehen, dass es hierbei nicht lediglich um ein Bündel von Einzelmaßnahmen, sondern letztlich um eine bürgerschaftliche Öffnung der Einrichtung geht.

Aufgabe 4.2

Wichtige Ansätze und Strategien der Engagementförderung sind: Civic Education als frühe Bildung und Erziehung zur Bürgerschaftlichkeit, die Einführung von Freiwilligenmanagement, bürgergesellschaftliche Organisationsentwicklung, die Entwicklung einer Anerkennungskultur für freiwillig Engagierte, die Schaffung von Qualifizierungsangeboten sowie nicht zuletzt eine fokussierte Öffentlichkeitsarbeit zur Ansprache, Gewinnung und Einbindung von freiwillig Engagierten.

Aufgabe 4.3

Civic Education steht für Erziehung und Bildung zum kompetenten, mündigen Bürger. Darin bündeln sich Ansätze der politischen Bildung, der Stärkung von Partizipation von Kindern und Jugendlichen, der demokratischen Gestaltung des Alltags in pädagogischen Einrichtungen sowie der Förderung von ehrenamtlichem Engagement.

Aufgabe 4.4

Immaterielle Anerkennung in Form von Auszeichnungen und Ehrungen, geldwerte Anerkennung in Form einer Ehrenamtskarte, monetäre Anerkennung in Form von Aufwandsentschädigungen.

Aufgabe 5.1

Engagementpolitik ist ein noch sehr junges Politikfeld. Im Mittelpunkt steht die Förderung des bürgerschaftlichen Engagements auf allen föderalen Ebenen. Dabei geht es um die Verbesserung rechtlicher und finanzieller Rahmenbedingungen, die Stärkung von Demokratie und Partizipation, eine engagementfreundliche Organisations- und Institutionenentwicklung und die Absicherung engagementfördernder Infrastrukturen. Leitperspektive von Engagementpolitik ist die Entwicklung einer aktiven Bürgergesellschaft.

Aufgabe 5.2

Auf Ebene des Parlaments gibt es den Unterausschuss Bürgerschaftliches Engagement. Seitens der Bundesregierung ist das BMFSFJ federführendes Ressort im Bereich der Engagementförderung. Das BBE ist das größte zivilgesellschaftliche Netzwerk und wichtiger Akteur der Engagementpolitik.

Aufgabe 5.3

Engagementförderung ist keine kommunale Pflichtaufgabe. Die Kommune ist jedoch der wichtigste Ort bürgerschaftlichen Engagements und braucht hier besondere Förderung und Unterstützung. Kommunen haben vielfältige Möglichkeiten, dieser Aufgabe gerecht zu werden. Sie können lokale Netzwerke initiieren, Ansprechstellen in der Verwaltung schaffen oder Freiwilligenagenturen einrichten. Nicht alles erfordert finanzielle Mittel, ohne eine angemessene finanzielle Ausstattung ist Engagementförderung jedoch nicht realisierbar. Entscheidend sind eine Haltung und ein klares Bekenntnis von Kommunalpolitik und -verwaltung zur Stärkung von Engagement und Beteiligung. Dabei gibt es kein allgemeingültiges Rezept, jedoch bewährte Erfolgsfaktoren. Jede Kommune muss ihren eigenen, passgenauen Weg finden.

Aufgabe 5.4

Das BBE ist auf Bundesebene einer der wichtigsten zivilgesellschaftlichen Akteure der Engagementpolitik. Mehr als 260 Mitgliedsorganisationen aus Zivilgesellschaft, Wirtschaft und Staat arbeiten gemeinsam an der Verbesserung der Rahmenbedingungen bürgerschaftlichen Engagements und seiner nachhaltigen Förderung.

Abkürzungsverzeichnis

bagfa	Bundesarbeitsgemeinschaft der Freiwilligenagenturen
BAGFW	Bundesarbeitsgemeinschaft der Freien Wohlfahrtspflege
BaS	Bundesarbeitsgemeinschaft Seniorenbüros
BAG Selbsthilfe	Bundesarbeitsgemeinschaft Selbsthilfe von Menschen mit Behinderung und chronischer Erkrankung und ihren Angehörigen
BBE	Bundesnetzwerk Bürgerschaftliches Engagement
BMFSFJ	Bundesministerium für Familie, Senioren, Frauen und Jugend
BGB	Bürgerliches Gesetzbuch
BFD	Bundesfreiwilligendienst
CSR	Corporate Social Responsibility
DAG SHG	Deutsche Arbeitsgemeinschaft Selbsthilfegruppen
DGRV	Deutscher Genossenschafts- und Raiffeisenverband e. V.
DPWV	Deutscher Paritätischer Wohlfahrtsverband
DRK	Deutsches Rotes Kreuz
FÖJ	Freiwilliges Ökologisches Jahr
FSJ	Freiwilliges Soziales Jahr
FWS	Freiwilligensurvey
gGmbH	gemeinnützige Gesellschaft mit beschränkter Haftung
KJHG	Kinder- und Jugendhilfegesetz (SGB VIII)
MGH	Mehrgenerationenhaus
NAKOS	Nationale Kontakt- und Informationsstelle zur Anregung und Unterstützung von Selbsthilfegruppen
NPO	Non-Profit-Organisation
NGO	Non-Governmental-Organisation
SGB	Sozialgesetzbuch
THW	Technisches Hilfswerk

Glossar

Anerkennungskultur	Gesamtheit der Maßnahmen zur Wertschätzung und Würdigung ehrenamtlichen Engagements durch Zivilgesellschaft, Staat und Öffentlichkeit
Bürgerbeteiligung	politische Mitwirkung der Bürger an Entscheidungen des Staates auf lokaler, regionaler, nationaler oder supranationaler Ebene außerhalb von Wahlen
Bürgerschaftliches Engagement	in einem weiten Verständnis Sammelbegriff für unterschiedliche Formen von freiwilligen, unentgeltlichen, gemeinwohlorientierten Tätigkeiten; in einem engeren Verständnis freiwilliges Engagement für das politische Gemeinwesen als Bürger
Bürgergesellschaft	Leitvorstellung einer Gesellschaft mit einem Höchstmaß an Mitbestimmung und Mitgestaltung der Bürger; häufig synonym mit Zivilgesellschaft verwendet
Bürgerkommune	Leitbild von Kommunalpolitik und -verwaltung, das das Konzept der Bürgergesellschaft auf lokaler Ebene präzisiert; Mitwirkung und Mitbestimmung der Bürger sind zentrales Element
Civic Education	Erziehung und Bildung junger Menschen zu kompetenten, mündigen Bürgern; Herausbildung von Bereitschaft und Fähigkeit zur gesellschaftlichen Mitbestimmung, Mitgestaltung und Verantwortungsübernahme
Corporate Citizenship	freiwilliges gesellschaftliches Engagement von Unternehmen
Dritter Sektor	gesellschaftlicher Bereich in Abgrenzung zu Staat und Markt, in dem gemeinwohlorientierte Organisationen tätig sind und soziale Dienstleistungen erbringen
Ehrenamt	vorrangig traditionell geprägte Form freiwilliger Tätigkeit; üblicherweise im Rahmen strukturierter, formaler Organisationen
Engagementpolitik	ein sich entwickelndes reformpolitisches Feld, das die Förderung bürgerschaftlichen Engagements unter der Leitperspektive einer aktiven Bürgergesellschaft verfolgt
Freiwilligenagentur (auch Freiwilligenzentrum, Ehrenamtsbörse)	lokale Einrichtung zur Förderung bürgerschaftlichen Engagements mit Informations-, Beratungs- und Vermittlungsangeboten
Freiwilligendienst	Sonderform bürgerschaftlichen Engagements mit hohem Grad an Verbindlichkeit; Dauer, Aufgaben, Ziele, Träger und Einsatzstellen sind gesetzlich geregelt
Freiwilligenmanagement	strategische Planung, Organisation, Koordinierung, Begleitung, Fort- und Weiterbildung von bzw. für freiwilliges Engagement in Organisationen

Freiwilligensurvey	repräsentative Bevölkerungsbefragung zu freiwilligem Engagement und Ehrenamt
Gemeinnützigkeit	besonderer steuerrechtlicher Status, der gemeinnützigen Organisationen steuerrechtliche Privilegien einräumt
Gemeinwohlorientierung	Ausrichtung einer Tätigkeit oder eines Handelns, das jenseits von Einzel- oder Gruppeninteressen dem Wohl, der Festigung und Entwicklung übergreifender sozialer Gemeinschaften dient
Genossenschaft	Organisationsform, die aktive Mitgliederbeteiligung, organisierte Gruppenselbsthilfe und bürgerschaftliches Engagement miteinander verbindet
Infrastruktureinrichtung der Engagementförderung	lokale Einrichtungen der Engagementförderung mit Informations-, Beratungs-, Vermittlungs- und Unterstützungsangeboten für Engagierte, an Engagement Interessierte und gemeinnützige Organisationen
Selbsthilfe	Bewältigung von Angelegenheiten, Aufgaben und Krisen in privaten Kontexten und informellen Netzwerken
Selbsthilfekontaktstellen	professionelle Beratungseinrichtungen zur Anregung, Unterstützung, Beratung und Vernetzung von Selbsthilfeaktivitäten auf lokaler und regionaler Ebene
Seniorenbüros	Informations-, Beratungs- und Vermittlungsstellen für bürgerschaftliches Engagement in der nachberuflichen Lebensphase
Soziale Bewegungen	gemeinschaftliche, von gemeinsamen Überzeugungen getragene, soziale und politische Aktivitäten, die meist auf eine begrenzte Dauer angelegt sind und auf feste organisatorische Strukturen verzichten
Stiftung	eine eigentümerlose Vermögensmasse, die auf Dauer einem bestimmten, häufig gemeinnützigen Zweck gewidmet ist
Verband	multifunktionale Organisation für Interessenvertretung auf überörtlicher Ebene sowie zur Erbringung von Dienstleistungen
Verein	freiwilliger, auf Dauer angelegter, körperschaftlich organisierter Zusammenschluss natürlicher oder juristischer Personen
Verein, eingetragener	in das örtliche Vereinsregister beim zuständigen Amtsgericht eingetragener Idealverein; der eingetragene Verein (e. V.) ist eine eigenständige Rechtspersönlichkeit (juristische Person), der Zusatz „e. V." kennzeichnet den Verein als gemeinnützige Organisation
Zivilgesellschaft	Teil der Gesellschaft, in dem sich die Bürger nach demokratischen Regeln selbst organisieren und auf die Geschicke des Gemeinwesens einwirken; häufig synonym mit Bürgergesellschaft verwendet
ZiviZ	Zivilgesellschaft in Zahlen; umfassendste Datenerhebung der organisierten Zivilgesellschaft in Deutschland

Literaturverzeichnis

Verwendete Literatur

Alscher, M. (2008). *Genossenschaften und Engagement. Ein erfolgreiches Zusammenspiel zweier Konzepte.* Saarbrücken: VDM.

Backhaus-Maul, H.; Friedrich, P. (2011). *Gesellschaftliches Engagement von Unternehmen.* In: Olk, T.; Hartnuß, B. (Hrsg.): Handbuch Bürgerschaftliches Engagement. Weinheim/Basel: Juventa, S. 215–229.

BBE – Bundesnetzwerk Bürgerschaftliches Engagement (o. J.). *Wer wir sind.* http://www.b-b-e.de/netzwerk/wer-wir-sind/ (06.04.2017).

Beher, K.; Liebig, R.; Rauschenbach, T. (2000). *Strukturwandel des Ehrenamtes. Gemeinwohlorientierung im Modernisierungsprozess.* Weinheim/München: Juventa.

Beher, K.; Krimmer, H.; Rauschenbach, T.; Zimmer, A. (2008). *Die vergessene Elite. Führungskräfte in gemeinnützigen Organisationen.* Weinheim/München: Juventa.

BMFSFJ – Bundesministerium für Familie, Senioren, Frauen und Jugend (o. J.). *Engagement und Gesellschaft.* https://www.bmfsfj.de/bmfsfj/themen/engagement-und-gesellschaft (03.02.2017).

BMFSFJ – Bundesministerium für Familie, Senioren, Frauen und Jugend (2017) (Hrsg.). *15. Kinder- und Jugendbericht.* https://www.bmfsfj.de/blob/115438/d7ed644e1b7fac4f926619145990 3c62/15-kinder-und-jugendbericht-bundestagsdrucksache-data.pdf (25.07.2018).

Bogumil, J.; Holtkamp, L. (2011). *Bürgerkommune.* In: Olk, T.; Hartnuß, B. (Hrsg.): Handbuch Bürgerschaftliches Engagement. Weinheim/Basel: Juventa, S. 41–51.

Bourdieu, P. (1983). *Ökonomisches Kapital, kulturelles Kapital, soziales Kapital.* In: Kreckel, R. (Hrsg.): Soziale Ungleichheiten (Soziale Welt, Sonderband 2). Göttingen: Schwartz, S. 183–198.

Brand, K.-W. (2011). *Soziale Bewegungen.* In: Olk, T.; Hartnuß, B. (Hrsg.): Handbuch Bürgerschaftliches Engagement. Weinheim/Basel: Juventa, S. 487–497.

Bundesarbeitsgemeinschaft Seniorenbüros (BaS) (2008). *Befragung von Seniorenbüros.* Unveröffentlichtes Arbeitspapier. Bonn.: BaS.

Bundesverband Deutscher Stiftungen (2017). *Niedrigzinszeiten: Stiftungen auf dem Weg zu neuen Anlageformen.* https://www.stiftungen.org/presse/pressemitteilungen/pressemitteilung/niedrigzinszeiten-stiftungen-auf-dem-weg-zu-neuen-anlageformen.html (15.06.2017).

Bundesvereinigung Lebenshilfe für Menschen mit geistiger Behinderung e. V. (o. J.). *Lebenshilfe aktiv.* http://www.lebenshilfe-aktiv.de/freiwilligenprojekt/inhalte/projekt_lebenshilfe_aktiv.php (25.07.2018).

Braun, S. (2011). *Sozialkapital.* In: Olk, T.; Hartnuß, B. (Hrsg.): Handbuch Bürgerschaftliches Engagement. Weinheim/Basel: Juventa, S. 53–64.

Brömmling, U. F. (2011). *Stiftungsrecht.* In: Olk, T.; Hartnuß, B. (Hrsg.): Handbuch Bürgerschaftliches Engagement. Weinheim/Basel: Juventa, S. 129–142.

Deutsche Arbeitsgemeinschaft Selbsthilfegruppen (1987). *Selbsthilfegruppen-Unterstützung. Ein Orientierungsrahmen.* Gießen: Eigenverlag.

Deutscher Bundesjugendring (o. J.). *Juleica*. https://www.dbjr.de/themen/juleica/ (25.07.2018).
Deutscher Bundestag (o.J.). *Unterausschuss „Bürgerschaftliches Engagement"*. https://www.bundestag.de/buergerschaftliches-engagement (03.02.2017).
Dienel, H.-L. (2011). *Bürgerbeteiligung*. In: Olk, T.; Hartnuß, B. (Hrsg.): Handbuch Bürgerschaftliches Engagement. Weinheim/Basel: Juventa, S. 203–214.
DGRV – Deutscher Genossenschafts- und Raiffeisenverband e. V. (2017). *Bundeswirtschaftsministerin Zypries: Gesunde Volkswirtschaft ohne Genossenschaften undenkbar*. https://www.genossenschaften.de/bundeswirtschaftsministerin-zypries-gesunde-volkswirtschaft-ohne-genossenschaften-undenkbar-0 (05.04.2017).
Dortmunder Arbeitsstelle für Kinder- und Jugendhilfe (2013). *Jugendleiter_innen 2012 – aktuelle Auswertungen der „Juleica-Statistik"*. http://www.akjstat.tu-dortmund.de/fileadmin/Monitoring/Jugendleiter_innen_2012__aktuelle_Auswertungen_Dokumentation_.pdf (25.07.2018).
DZA – Deutsches Zentrum für Altersfragen (o. J.). *Deutscher Freiwilligensurvey (FWS)*. https://www.dza.de/forschung/fws.html (03.02.2017).
Düx, W.; Rauschenbach, T.; Züchner, I. (2011). *Bürgerschaftliches Engagement in der Jugendarbeit*. In: Olk, T.; Hartnuß, B. (Hrsg.): Handbuch Bürgerschaftliches Engagement. Weinheim/Basel: Juventa, S. 329–341.
Ebert, O.; Speck, K. (2011). *Freiwilligenagenturen*. In: Olk, T.; Hartnuß, B. (Hrsg.): Handbuch Bürgerschaftliches Engagement. Weinheim/Basel: Juventa, S. 553–566.
Enquete-Kommission „Zukunft des Bürgerschaftlichen Engagements" (Hrsg.) (2002). *Bericht. Bürgerschaftliches Engagement: auf dem Weg in eine zukunftsfähige Bürgergesellschaft*. Opladen: Leske + Budrich.
Evers, A.; Olk, T. (Hrsg.) (1996). *Wohlfahrtspluralismus*. Opladen: Westdeutscher.
Evers, A. (2010). *Zivilgesellschaft, Engagement und soziale Dienste*. In: Olk, T.; Klein, A.; Hartnuß, B. (Hrsg): Engagementpolitik. Die Entwicklung der Zivilgesellschaft als politische Aufgabe. Wiesbaden: Springer VS, S. 282–302.
Flieger, B. (2011). *Genossenschaften*. In: Olk, T.; Hartnuß, B. (Hrsg.): Handbuch Bürgerschaftliches Engagement. Weinheim/Basel: Juventa, S. 499–512.
French, W.; Bell, C. H. jr. (1994). *Organisationsentwicklung – Sozialwissenschaftliche Strategien zur Organisationsveränderung*. 4. Aufl., Bern, Stuttgart, Wien: UTB.
Geisen, T.; Kessl, F.; Olk, T.; Schnurr, S. (Hrsg.) (2013). *Soziale Arbeit und Demokratie*. Wiesbaden: Springer VS.
Gensicke, T. (2011). *Freiwilligensurvey*. In: Olk, T.; Hartnuß, B. (Hrsg.): Handbuch Bürgerschaftliches Engagement. Weinheim/Basel: Juventa, S. 691–704.
Gensicke, T.; Picot, S.; Geiss, S. (2015). *Freiwilliges Engagement in Deutschland: Freiwilligensurvey 2009*. Wiesbaden: Springer VS.
Gerzer-Sass, A. (2011). *Mehrgenerationenhäuser*. In: Olk, T.; Hartnuß, B. (Hrsg.): Handbuch Bürgerschaftliches Engagement. Weinheim/Basel: Juventa, S. 567–575.
Goffmann, E. (1972). *Asyle*. Frankfurt/M.: Suhrkamp.
Grunow, D. (2011). *Selbsthilfe*. In: Olk, T.; Hartnuß, B. (Hrsg.): Handbuch Bürgerschaftliches Engagement. Weinheim/Basel: Juventa, S. 173–184.

Hamburger, F. (2011). *Bürgerschaftliches Engagement im sozialen Bereich.* In: Olk, T.; Hartnuß, B. (Hrsg.): Handbuch Bürgerschaftliches Engagement. Weinheim/Basel: Juventa, S. 317–328.

Hartnuß, B.; Hugenroth, R.; Kegel, T. (Hrsg.). *(2013). Schule der Bürgergesellschaft. Bürgerschaftliche Perspektiven für moderne Bildung und gute Schulen.* Schwalbach: Wochenschau.

Hartnuß, B.; Kegel, T. (2011). *Qualifizierung.* In: Olk, T.; Hartnuß, B. (Hrsg.): Handbuch Bürgerschaftliches Engagement. Weinheim/Basel: Juventa, S. 623–633.

Hartnuß, B.; Klein, A. (2017). *Engagementpolitik.* In: Deutscher Verein für öffentliche und private Fürsorge e. V. (Hrsg.): Fachlexikon der Sozialen Arbeit. 8. Auflage, Baden-Baden: Nomos, S. 233–234.

Hartnuß, B.; Olk, T.; Klein, A. (2011). *Engagementpolitik.* In: Olk, T.; Hartnuß, B. (Hrsg.): Handbuch Bürgerschaftliches Engagement. Weinheim/Basel: Juventa, S. 761–776.

Hartnuß, B. (2017a). *Freiwilligenagenturen/-zentren.* In: Deutscher Verein für öffentliche und private Fürsorge e. V. (Hrsg.): Fachlexikon der Sozialen Arbeit. 8. Auflage, Baden-Baden: Nomos, S. 318.

Hartnuß, B. (2017b). *Civic Education.* In: Deutscher Verein für öffentliche und private Fürsorge e. V. (Hrsg.). Fachlexikon der Sozialen Arbeit. 8. Auflage, Baden-Baden: Nomos, S. 152–153.

Hartnuß, B. (2016). *Kritische Bilanz und Ausblick.* In: BBE – Bundesnetzwerk Bürgerschaftliches Engagement (Hrsg.): Newsletter für Engagement und Partizipation in Deutschland 2/2016. http://www.b-b-e.de/fileadmin/inhalte/aktuelles/2016/01/newsletter-2-hartnuss.pdf (06.04.2017). Berlin: BBE.

Hartnuß, B. (2013). *Zum Verhältnis von Bürgerengagement und Bürgerbeteiligung. Impulse für die Entwicklung kommunaler Förderstrategien.* In: Bubolz-Lutz, E.; Mörchen, A. (Hrsg.): Zukunftsfaktor Bürgerengagement. Entwicklungswerkstatt für kommunale Engagementstrategien. Impulse – Konzepte – Ergebnisse. https://www.engagiert-in-nrw.de/sites/default/files/asset/document/zukunftsfaktor_be_publikation_web.pdf (06.04.2017).

Heinze, R. G. (2011). *Verbände.* In: Olk, T.; Hartnuß, B. (Hrsg.): Handbuch Bürgerschaftliches Engagement. Weinheim/Basel: Juventa, S. 465–473.

Held, M. (2011). *Engagementpolitik in Europa.* In: Olk, T.; Hartnuß, B. (Hrsg.): Handbuch Bürgerschaftliches Engagement. Weinheim/Basel: Juventa, S. 823–835.

Heuberger, F. (2011). *Bundesländer.* In: Olk, T.; Hartnuß, B. (Hrsg.): Handbuch Bürgerschaftliches Engagement. Weinheim/Basel: Juventa, S. 797–810.

Hinn, G. (2011). *Seniorenbüros.* In: Olk, T.; Hartnuß, B. (Hrsg.): Handbuch Bürgerschaftliches Engagement. Weinheim/Basel: Juventa, S. 541–551.

Hummel, C. (2011). *Kommune.* In: Olk, T.; Hartnuß, B. (Hrsg.): Handbuch Bürgerschaftliches Engagement. Weinheim/Basel: Juventa, S. 777–795.

Jachmann, M. (2011). *Gemeinnützigkeits- und Spendenrecht.* In: Olk, T.; Hartnuß, B. (Hrsg.): Handbuch Bürgerschaftliches Engagement. Weinheim/Basel: Juventa, S. 103–115.

Jakob, G. (2011). *Freiwilligendienste.* In: Olk, T.; Hartnuß, B. (Hrsg.): Handbuch Bürgerschaftliches Engagement. Weinheim/Basel: Juventa, S. 185–201.

Kausmann, C.; Simonson, J.; Ziegelmann, J.; Vogel, C. et al. (2016). *Länderbericht zum Deutschen Freiwilligensurvey 2014.* Berlin: DZA – Deutsches Zentrum für Altersfragen.

Kegel, T. (2011). *Freiwilligenmanagement.* In: Olk, T.; Hartnuß, B. (Hrsg.). Handbuch Bürgerschaftliches Engagement. Weinheim/Basel: Juventa, S. 595–609.

Klein, A.; Hartnuß, B.; Olk, T. (2010). *Engagementpolitik als Politikfeld. Entwicklungserfordernisse und Perspektiven.* In: Olk, T.; Klein, A.; Hartnuß, B. (Hrsg): Engagementpolitik. Die Entwicklung der Zivilgesellschaft als politische Aufgabe. Wiesbaden: Springer VS, S. 24–59.

Klein, A. (2011). *Bürgergesellschaft. Zivilgesellschaft.* In: Olk, T.; Hartnuß, B. (Hrsg.): Handbuch Bürgerschaftliches Engagement. Weinheim/Basel: Juventa, S. 29–40.

Klein, A. (2001). *Der Diskurs der Zivilgesellschaft. Politische Hintergründe und demokratietheoretische Folgerungen.* Opladen: Leske + Budrich.

Klie, T. (2010). *Bürgerschaftliches Engagement in der Pflege.* In: Olk, T.; Klein, A.; Hartnuß, B. (Hrsg): Engagementpolitik. Die Entwicklung der Zivilgesellschaft als politische Aufgabe. Wiesbaden: Springer VS, S. 571–591.

Klie, T. (2011). *Altenhilfe und Altenpflege.* In: Olk, T.; Hartnuß, B. (Hrsg.): Handbuch Bürgerschaftliches Engagement. Weinheim/Basel: Juventa, S. 391–406.

Krimmer, H. Priemer, J. (2011). *Zivilgesellschaft in Deutschland – eine Standortbestimmung in Zahlen.* In: Forschungsjournal Soziale Bewegungen, 24 (3), S. 105–114.

Krimmer, H.; Priemer, J. (2013). *ZIVIZ-Survey 2012. Zivilgesellschaft verstehen.* Berlin: Stifterverband für die Deutsche Wissenschaft. http://www.ziviz.de/file/15/download?token=hn4nBJYb (25.07.2018).

Lang, S.; Embacher, S. (2011). *Bundespolitik.* In: Olk, T.; Hartnuß, B. (Hrsg.): Handbuch Bürgerschaftliches Engagement. Weinheim/Basel: Juventa, S. 811–821.

Matzat, J. (2010). *Ehrenamtliches Engagement, kollektive Selbsthilfe und politische Beteiligung im Gesundheitswesen.* In: Olk, T.; Klein, A.; Hartnuß, B. (Hrsg): Engagementpolitik. Die Entwicklung der Zivilgesellschaft als politische Aufgabe. Wiesbaden: Springer VS, S. 547–570.

Matzat, J. (2011). *Bürgerschaftliches Engagement im Gesundheitswesen.* In: Olk, T.; Hartnuß, B. (Hrsg.): Handbuch Bürgerschaftliches Engagement. Weinheim/Basel: Juventa, S. 377–389.

Münkler, H.; Krause, S. (2001). *Der aktive Bürger – Eine Gestalt der politischen Theorie im Wandel.* In: Leggewie, C.; Münch, R. (Hrsg.): Politik im 21. Jahrhundert. Frankfurt/M.: Suhrkamp, S. 299–320.

Olk, T. (2001). *Die Förderung des bürgerschaftlichen Engagements als gesellschaftliche Herausforderung. Ausblick auf den Abschlussbericht der Enquete-Kommission „Zukunft des Bürgerschaftlichen Engagements".* Forschungsjournal Neue Soziale Bewegungen, 3, S. 9–22.

Olk, T; Hartnuß, B. (2011). *Bürgerschaftliches Engagement.* In: Olk, T.; Hartnuß, B. (Hrsg.): Handbuch Bürgerschaftliches Engagement. Weinheim/Basel: Juventa, S. 145–161.

Presse- und Informationsamt der Bundesregierung (2014). *50 Jahre Deutsche Jugendfeuerwehr. Jugendliche werden Lebensretter.* https://www.bundesregierung.de/Content/DE/Artikel/2014/08/2014-08-12-jugendfeuerwehr.html (25.07.2018).

Priemer, J; Krimmer, H.; Labigne, A. (2017). *Vielfalt verstehen. Zusammenhalt stärken. ZiviZ-Survey 2017.* Berlin/Gütersloh: Stifterverband; Bertelsmann Stiftung.

Priller, E. (2011). *Dynamik, Struktur und Wandel der Engagementforschung: Rückblick, Tendenzen und Anforderungen.* In: Priller, E.; Alscher, M.; Dathe, D.; Speth, R. (Hrsg.): Zivilengagement. Herausforderungen für Gesellschaft, Politik und Wissenschaft. Berlin: Lit.

Putnum, R. (2000). *Bowling alone. The Collapse and Revival of American community.* New York: Simon & Schuster.

Rawert, P.; Gärtner, J. (2004). *Nonprofit Organizations in Germany – Permissible Forms and legal Framework.* In: Zimmer, A.; Priller, E. (Hrsg.). Future of Civil Society (CD). Wiesbaden: VS Verlag für Sozialwissenschaften.

Richter, H. (2001). *Kommunalpädagogik. Studien zur interkulturellem Bildung.* Frankfurt: Peter Lang.

Röbke, T. (2011). *Netzwerkmanagement.* In: Olk, T.; Hartnuß, B. (Hrsg.): Handbuch Bürgerschaftliches Engagement. Weinheim/Basel: Juventa, S. 611–622.

Roth, R. (2011). *Soziale Bewegungen.* In: Deutscher Verein für öffentliche und private Fürsorge e.V. (Hrsg.): Fachlexikon der Sozialen Arbeit. 7. überarb. und aktual. Auflage, Baden-Baden: Nomos.

Rüttgers, M. (2011). *Netzwerke.* In: Olk, T.; Hartnuß, B. (Hrsg.): Handbuch Bürgerschaftliches Engagement. Weinheim/Basel: Juventa, S. 513–524.

Sachße, C (2011). *Traditionslinien bürgerschaftlichen Engagements in Deutschland.* In: Olk, T.; Hartnuß, B. (Hrsg.): Handbuch Bürgerschaftliches Engagement. Weinheim/Basel: Juventa.

Santen, E. van (1999). *Ehrenamtliches Engagement im Wandel – Bedeutung und Folgen für freie Träger der Kinder- und Jugendhilfe.* In: Weigel, N.; Seckinger, M.; Santen, E. van; Markert, A. (Hrsg.): Freien Trägern auf der Spur. Analysen zu Strukturen und Handlungsfeldern der Jugendhilfe. Opladen: Leske + Budrich, S. 27–52.

Schaaf-Derichs, C. (2011). *Öffentlichkeitsarbeit.* In: Olk, T.; Hartnuß, B. (Hrsg.): Handbuch Bürgerschaftliches Engagement. Weinheim/Basel: Juventa, S. 673–687.

Simonson, J.; Vogel, C.; Tesch-Römer, C. (Hrsg.) (2016). *Freiwilliges Engagement in Deutschland – Der Deutsche Freiwilligensurvey 2014.* Wiesbaden: Springer VS.

Sprengel, R. (2011). *Organisationsentwicklung.* In: Olk, T.; Hartnuß, B. (Hrsg.): Handbuch Bürgerschaftliches Engagement. Weinheim/Basel: Juventa, S. 647–659.

Staatskanzlei Rheinland-Pfalz, Bundesnetzwerk Bürgerschaftliches Engagement (Hrsg.) (2015). *Monetarisierung im bürgerschaftlichen Engagement. Wieviel Geld verträgt das Ehrenamt? Dokumentation Fachtagung der Leitstelle Ehrenamt und Bürgerbeteiligung in der Staatskanzlei Rheinland-Pfalz mit dem Bundesnetzwerk Bürgerschaftliches Engagement (BBE).* Mainz/Berlin: Staatskanzlei Rheinland-Pfalz.

Stiehr, K. (2011). *Versicherungsschutz.* In: Olk, T.; Hartnuß, B. (Hrsg.): Handbuch Bürgerschaftliches Engagement. Weinheim/Basel: Juventa, S. 91–102.

Stiftung Aktive Bürgerschaft (o.J.). *Bürgerstiftungen.* http://www.aktive-buergerschaft.de/buergerstiftungen (30.01.2017).

Strachwitz, R. Graf (2011). *Stiftungswesen.* In: Olk, T.; Hartnuß, B. (Hrsg.): Handbuch Bürgerschaftliches Engagement. Weinheim/Basel: Juventa, S. 475–485.

Stricker. M. (2011). *Ehrenamt.* In: Olk, T.; Hartnuß, B. (Hrsg.): Handbuch Bürgerschaftliches Engagement. Weinheim/Basel: Juventa, S. 163–171.

Sturzenhecker, B. (2015). *Gesellschaftliches Engagement von Benachteiligten fördern. Band 1. Konzeptionelle Grundlagen der Offenen Kinder- und Jugendarbeit.* Gütersloh: Bertelsmann Stiftung.

Teske, I. (2011). *Formen lokaler Infrastruktureinrichtungen. Nachbarschaftshäuser, Mütterzentren/ Familientreffs, Bürgerbüros, lokale Anlaufstelle für Bürgerengagement.* In: Olk, T.; Hartnuß, B. (Hrsg.): Handbuch Bürgerschaftliches Engagement. Weinheim/Basel: Juventa, S. 577–591.

Theunissen, G. (2011). *Bürgerschaftliches Engagement und Arbeit mit behinderten Menschen.* In: Olk, T.; Hartnuß, B. (Hrsg.): Handbuch Bürgerschaftliches Engagement. Weinheim/Basel: Juventa, S. 343-352.

Thiersch, H. (1992). *Lebensweltorientierte Soziale Arbeit. Aufgaben der Praxis im sozialen Wandel.* Weinheim/München: Juventa.

Thiel, W. (2011). *Selbsthilfe und Selbsthilfekontaktstellen.* In: Olk, T.; Hartnuß, B. (Hrsg.): Handbuch Bürgerschaftliches Engagement. Weinheim/Basel: Juventa, S. 527–540.

Timm, G. (2011). *Freie Wohlfahrtspflege.* In: Fachlexikon der Sozialen Arbeit. 7. überarb. und aktualisierte Auflage, herausgegeben vom Deutschen Verein für öffentliche und private Fürsorge e. V. Baden-Baden: Nomos, S. 311–314.

Vandamme, R. (2011). *Bürgerorientierung in der Kommunalverwaltung: Ansätze und Perspektiven.* In: Klein, A.; Fuchs, P.; Flohé A. (Hrsg.). Handbuch Kommunale Engagementförderung im sozialen Bereich. Berlin: Deutscher Verein für öffentliche und private Fürsorge e. V., S. 258–269.

Vogel, H. J. (2006). *Leitbild Bürgerkommune – Bürgerengagement als kommunale Gestaltungsaufgabe.* https://www.arnsberg.de/buergermeister/veroeffentlichungen/2006/leitbild-buergerkommune.pdf (01.02.2017).

Waldner, W. (2011). *Vereinsrecht.* In: Olk, T.; Hartnuß, B. (Hrsg.): Handbuch Bürgerschaftliches Engagement. Weinheim/Basel: Juventa, S. 117–128.

Weyrich, K.-H. (2011). *Soziale Dienste.* In: Deutscher Verein für öffentliche und private Fürsorge e. V. (Hrsg.): Fachlexikon der Sozialen Arbeit. 7. überarb. und aktual. Auflage, Baden-Baden: Nomos, S. 785–788.

Wezel, H. (2011). *Anerkennungskultur.* In: Olk, T.; Hartnuß, B. (Hrsg.): Handbuch Bürgerschaftliches Engagement. Weinheim/Basel: Juventa, S. 635–645.

Zimmer, A. (2011). *Vereine.* In: Olk, T.; Hartnuß, B. (Hrsg.): Handbuch Bürgerschaftliches Engagement. Weinheim/Basel: Juventa, S. 453–463.

ZiviZ – Zivilgesellschaft in Zahlen (o. J.). *ZiviZ im Stifterverband.* http://ziviz.info (03.02.2017).

Empfohlene Literatur

Enquete-Kommission „Zukunft des Bürgerschaftlichen Engagements" (Hrsg.) (2002). *Bericht. Bürgerschaftliches Engagement: auf dem Weg in eine zukunftsfähige Bürgergesellschaft.* Wiesbaden: VS Verlag für Sozialwissenschaften.

Klein, A.; Fuchs, P.; Flohé, A. (Hrsg.) (2011). *Handbuch kommunale Engagementförderung im sozialen Bereich.* Berlin: Deutscher Verein für öffentliche und private Fürsorge.

Olk, T.; Klein, A.; Hartnuß, B. (Hrsg.) (2010). *Engagementpolitik. Die Entwicklung der Zivilgesellschaft als politische Aufgabe.* Wiesbaden: VS Verlag für Sozialwissenschaften.

Olk, T.; Hartnuß, B. (Hrsg.) (2011). *Handbuch Bürgerschaftliches Engagement.* Weinheim/Basel: Juventa.

Internet-Links

BBE – Bundesnetzwerk Bürgerschaftliches Engagement: www.b-b-e.de
BMFSFJ – Bundesministerium für Familie, Senioren, Frauen und Jugend: www.bmfsfj.de
Stiftung MITARBEIT: www.mitarbeit.de

Rechtsquellenverzeichnis

AO	Abgabenordnung in der Fassung der Bekanntmachung vom 01.10.2002 (BGBl. I S. 3866; 2003 I S. 61), die zuletzt durch Artikel 6 des Gesetzes vom 18.07.2017 (BGBl. I S. 2745) geändert worden ist
BGB	Bürgerliches Gesetzbuch in der Fassung der Bekanntmachung vom 02.01.2002 (BGBl. I S. 42, 2909; 2003 I S. 738), das zuletzt durch Artikel 1 des Gesetzes vom 20.07.2017 (BGBl. I S. 2787) geändert worden ist
KJHG	Kinder- und Jugendhilfegesetz vom 26.06.1990 (BGBl. I S. 1163), das zuletzt durch Artikel 3 Satz 2 des Gesetzes vom 15.12.1995 (BGBl. I S. 1775) geändert worden ist
SGB XI	Das Elfte Buch Sozialgesetzbuch – Soziale Pflegeversicherung – (Artikel 1 des Gesetzes vom 26.05.1994, BGBl. I S. 1014, 1015), das zuletzt durch Artikel 9 des Gesetzes vom 18.07.2017 (BGBl. I S. 2757) geändert worden ist

Abbildungsverzeichnis

Tabellenverzeichnis

Sachwortverzeichnis

Über den Autor

Dipl.-Päd. Birger Hartnuß (geb. 1968) arbeitete nach dem Studium der Erziehungswissenschaften mehrere Jahre in Forschungsprojekten zur Kooperation von Jugendhilfe und Schule an den Universitäten Halle/S. und Greifswald. Er war Mitarbeiter im Sekretariat der Enquete-Kommission „Zukunft des Bürgerschaftlichen Engagements" des 14. Deutschen Bundestags (2000–2002) und im Anschluss daran wissenschaftlicher Referent sowie stellvertretender Geschäftsführer des Bundesnetzwerks Bürgerschaftliches Engagement (BBE) (2002–2007). Seit 2007 ist er in der Leitstelle Ehrenamt und Bürgerbeteiligung in der Staatskanzlei Rheinland-Pfalz tätig, deren Leitung er im Juni 2017 übernommen hat.
Zu seinen Arbeitsschwerpunkten gehört der Ausbau von Engagementförderung und Bürgerbeteiligung in Rheinland-Pfalz und der Bundesrepublik. Er ist Mitglied mehrerer Beiräte (ZiviZ – Zivilgesellschaft in Zahlen, Netzwerk Bürgerbeteiligung, „jungbewegt – Dein Einsatz zählt" der Bertelsmann Stiftung) sowie Mitglied des SprecherInnenrats des BBE. Neben seiner politischen Tätigkeit befasst sich Birger Hartnuß auch wissenschaftlich mit den Themen Engagementförderung und Engagementpolitik und beteiligt sich intensiv an der gesellschaftlichen Debatte über das bürgerschaftliche Engagement.